みんなが欲し

公務員
数的推理の
教科書&問題集

 夏苅美貴子 著

TAC出版

TAC PUBLISHING Group

はしがき

独学者でも楽しく読めて、しっかり解ける！
公務員試験の最重要科目がこれ1冊！

このシリーズは、学習経験のない受験生が、独学で、
公務員試験の合格を目指せるように編集された教科書＆問題集です。

●科目の多い公務員試験だから、**1冊で知識のインプットと問題演習が両方できる**ようにしました！

●最後まで楽しく続けられるように、フルカラーで**わかりやすく学べる**ようにしました！

●初学者が理解しやすいように、**わかりやすい例題や図解を豊富に取り入れた解説**を心がけました！

●効率よく合格を目指せるように、**過去の出題データから必要ない部分を大胆にカット**しました！

●それでも合格レベルには届くように、**必要な論点はきちんとカバー**しました！

時間がない、お金を掛けたくない、初学者にとってわかりやすい解説がほしい…
そんな受験生のことを第一に考え、徹底的に寄り添って作られたのがこのシリーズです。

「みんなが欲しかった！」シリーズは独学で公務員試験合格を目指す受験生の味方です。
ぜひ本書を利用して、楽しく、効率よく合格を勝ち取りましょう！

2024年3月

夏苅 美貴子

本書の特徴と使い方

❶ フルカラーで見やすく、わかりやすく、楽しく学習！

判断推理や数的推理は公務員試験の最重要科目といえますが、特に初学者が最初のうち苦手にしやすい科目でもあります。独学者の負担を少しでも減らすため、本書は全編フルカラーの誌面で図解を豊富に配置し、初学者の方が少しでも楽しく学習できるように配慮しました。

まずはここを読んでその節の学習のアウトラインをつかみましょう。

その節で学習する内容の重要度を3段階で示しています。

本文内の重要なところは太字＋マーカーで示しています。

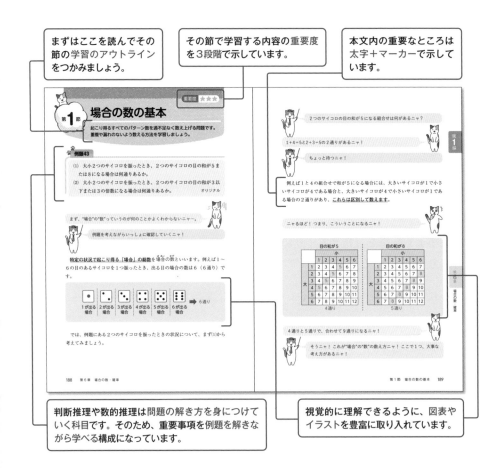

判断推理や数的推理は問題の解き方を身につけていく科目です。そのため、重要事項を例題を解きながら学べる構成になっています。

視覚的に理解できるように、図表やイラストを豊富に取り入れています。

❷ テーマの概要と解き方がわかる！ 例題と解説で理解度アップ！

　判断推理や数的推理は、とにかく問題を解く・解き方を身体に覚えさせることが上達の近道です。本書の「教科書」パートでは新しいテーマを取り上げるとき必ず例題を出発点にしており、いっしょに解きながら解法パターンを身につけることができます。

いっしょに楽しくがんばるニャ！

よろしくお願いしますニャ！

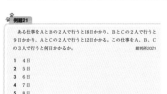

例題21

ある仕事をAとBの2人で行うと18日かかり、BとCの2人で行うと9日かかり、AとCの2人で行うと12日かかる。この仕事をA、B、Cの3人で行うと何日かかるか。

裁判所2021

1　4日
2　5日
3　6日
4　7日
5　8日

例題37

X地点とY地点を直線で結ぶ1,920mのジョギングコースがある。このコースをAは分速100mでX地点からY地点へ、Bは分速140mでY地点からX地点へ向けて同時に出発する。2人が出発してから出会うまでにかかる時間として正しいのはどれか。

オリジナル

1　6分
2　7分
3　8分
4　9分
5　10分

例題66

次の資料は、ある企業の支店ごとの売上高を年度ごとに示したものである。これらから確実にいえるのはどれか。

オリジナル

（単位：百万円）

	2018年度	2019年度	2020年度	2021年度	2022年度
東京支店	5,870	5,677	6,241	5,989	6,144
名古屋支店	2,987	3,433	4,447	3,977	2,462
大阪支店	4,434	4,247	4,944	5,441	5,533
福岡支店	3,319	4,233	4,134	2,267	2,279

1　名古屋支店の売上高に対する東京支店の売上高の比率が最も大きいのは2018年度である。
2　2020年度の売上高の対前年度増加率は、東京支店より大阪支店のほうが大きい。
3　名古屋支店における売上高の対前年度減少率は、2021年度より2022年度のほうが大きい。
4　大阪支店における2018年度の売上高を100としたとき、大阪支店の2021年度の売上高の指数は120を下回る。
5　福岡支店における2018年度から2022年度までの5年間における売上高の平均は3,000百万円を下回る。

❸ あやふやなままにしない！ 前提知識もスッキリまとめ！

　テーマによっては、公式や前提知識が求められるものがあります。本書では必要に応じて **STUDY** のコーナーを設け、公式や知識まとめを掲載しています。理解があやふやなときはここに戻って確認するようにしましょう。

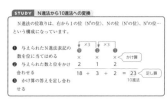

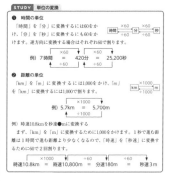

❹「教科書」と完全リンクした「問題集」で少しずつ演習を進められる！

　学習の仕上げに、章ごとに設けられた過去問にチャレンジしましょう。長く学習を続けるには、「過去問が解けた！」という実感が絶対に必要です。「みんなが欲しかった！」では手ごたえを感じながら進めてもらえるよう、「教科書」と「問題集」を完全リンクさせ、「教科書」が少し進んだら、「問題集」で確認ができるような構成にしています。

難易度を3段階で示しています。

A － B － C
易しい　標準　やや難

周回学習するときなどのチェック欄です。

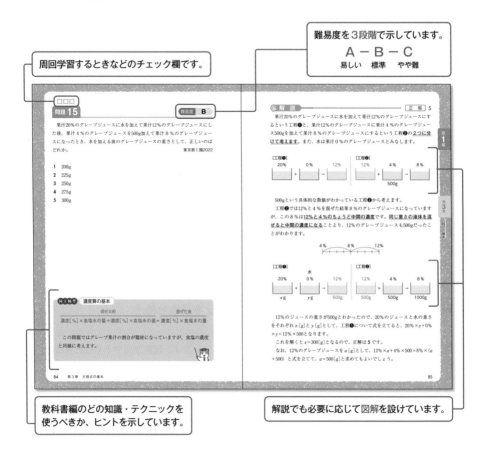

教科書編のどの知識・テクニックを使うべきか、ヒントを示しています。

解説でも必要に応じて図解を設けています。

　収録された問題は、「教科書」をじっくり読んでいれば必ず解けるようになるので、学習しながら自信を付けられます。

　2周目以降は、「問題集」をひたすら解くのもよし、「教科書」の苦手なところだけ振り返りながら「問題集」に取り組むのもよし。本書をうまく活用して科目学習を進めましょう！

数的推理について

● 出題数について

　主要な試験における「数的処理」の出題は次の表のとおりです。このうち、本書では「数的推理」と「資料解釈」を扱っています。

| | 一般知能分野 | | | | | | 一般知識分野 | | | | | | | | | | | | | | | 合計出題数 | 合計解答数 |
| | 文章理解 | | 数的処理 | | | | 人文科学 | | | | | 自然科学 | | | | | 社会科学 | | | | 時事 | | |
	現代文	英文	判断推理	数的推理	空間把握	資料解釈	世界史	日本史	地理	思想	文芸	数学	物理	化学	生物	地学	法律	政治	経済	社会			
国家一般職[大卒／行政]	6	5	6	5	2	3	1	1	1	1	-	-	1	1	1	-	1	1	1	-	3	40	40
国家専門職	6	5	5	6	2	3	1	1	1	1	-	-	1	1	-	1	1	-	1	-	3	40	40
裁判所職員[一般職／大卒]	5	5	7	6	3	1	1	1	1	1	-	1	1	1	1	1	1	3	1	-	-	40	40
東京都Ⅰ類B[行政／一般方式]	4	4	2	7	4	-	1	1	1	1	-	-	-	-	-	-	1	2	-	1	5	40	40
特別区Ⅰ類[事務]	5	4	6	5	4	4	1	1	1	1	-	-	2	2	2	2	1	2	1	-	4	48	40
地方上級[全国型]	3	5	5	8	3	1	2	2	2	-	1	1	2	2	1	3	1	3	1	4		50	50
地方上級[関東型]	3	5	4	5	2	1	3	3	3	-	1	1	2	2	1	3	1	4	1	5		50	40

　教養試験（基礎能力試験）で課される科目の中でも**数的処理は全体的に出題数が多く、公務員試験全体における位置づけでも最重要科目である**といえます。

※2024年度に実施される試験より、上記のうち国家一般職［大卒／行政］、国家専門職、裁判所職員［一般職／大卒］については試験制度の変更が発表されています。
　国家一般職［大卒／行政］、国家専門職は数的処理全体で14問、合計出題数と合計解答数は30問となり、裁判所職員［一般職／大卒］は一般知能分野全体で24問、合計出題数と合計解答数は30問となります。

● 数的推理をマスターすると試験対策全体にメリットあり！

　上記のように最重要科目である数的処理ですが、特に数的推理は苦手意識の強い受験生が多いため、**身につけるとライバルに差をつけやすい科目**です。得点できるようになると、教養試験（基礎能力試験）や公務員試験全体に余裕を持って取り組めるようになります。

　とはいえ一方で、**100％を目指す必要もありません。苦手な分野を少しでも減らす**という考え方で取り組みましょう。

目次

第2編 資料解釈

第1章　資料解釈の基本

第2章　さまざまな資料

序

数的推理の
アウトライン

序 数的推理のアウトライン

数的推理とは、どのような科目なのでしょうか？
学習を始める前に、簡単に概要をつかんでおきましょう。

数的推理って、どんな問題が出されるニャ？

中心になるのは算数・数学ニャ！

　数的推理の出題は、**小学校高学年から中学校で学習した算数・数学**が中心です。ただ、場合の数や確率など、一部高等学校の範囲からも出題があります。

昔やった算数とか数学とか、けっこう忘れちゃってるニャ…。

大丈夫ニャ！似たようなパターンが多いから、問題を解く手順を身につければいいニャ！

　「算数・数学」というと範囲が広そうだと感じてしまうかもしれませんが、濃度算、速さなど、**よく出題されるジャンルは偏っています**。そのよく出題されるジャンルの問題が、さらに**似たようなパターンで出題される**ので、それを繰り返し練習しておけばじゅうぶんな試験対策になるのです。

　ここでは、本格的な学習に入る前に押さえておきたいポイントをいくつか紹介します。

まずは計算の基本ニャ！数的推理全体を通じて、方程式を作ってそれを解く場面があるニャ！

例題1

　ある中学校で、30人のクラス全員に学習塾に通っているかどうかアンケートを取ったところ、男子生徒の3分の1、女子生徒の3分の2が学習塾に通っており、学習塾に通っている生徒の男女合計数は、このクラスの男子生徒の数より4人少ないことがわかった。このクラスの男子生徒の人数として正しいのはどれか。

オリジナル

1　14人
2　16人
3　18人
4　20人
5　22人

この例題を通じて、計算の基本と方程式の解き方を復習するニャ！まず、求めるものが何だかわかるニャ？

「このクラスの男子生徒は何人か」とあるから、**男子生徒の人数**ニャ！

　このような文章題では、多くの場合方程式を作ってそれを解くことで正解を求めます。このとき、「何を求めればいいのか」をきちんと確認するようにしましょう。ここでは、男子生徒の人数を x [人]とおきます。

クラスの人数が30人だから、女子生徒の人数は（$30-x$）[人]と表せるニャ！

すると、次のように方程式を作ることができるニャ！

$$\underbrace{\frac{1}{3} \times x}_{\text{学習塾に通う男子生徒}} + \underbrace{\frac{2}{3} \times (30-x)}_{\text{学習塾に通う女子生徒}} = \underbrace{x-4}_{\substack{\text{男子生徒の人数より} \\ \text{4人少ない}}}$$

あとは、これを解いて x の値を求めれば正解がわかるニャ！
少し丁寧に方程式を解く過程を見ていくニャ！

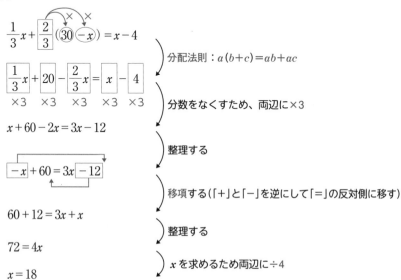

$$\frac{1}{3}x + \frac{2}{3}(30 - x) = x - 4$$

分配法則：$a(b+c) = ab + ac$

$$\boxed{\frac{1}{3}x} + \boxed{20} - \boxed{\frac{2}{3}x} = \boxed{x} - \boxed{4}$$
$$\times 3 \quad \times 3 \quad \times 3 \quad \times 3 \quad \times 3$$

分数をなくすため、両辺に×3

$$x + 60 - 2x = 3x - 12$$

整理する

$$\boxed{-x} + 60 = 3x \boxed{-12}$$

移項する（「＋」と「－」を逆にして「＝」の反対側に移す）

$$60 + 12 = 3x + x$$

整理する

$$72 = 4x$$

x を求めるため両辺に÷4

$$x = 18$$

できたニャ！ 男子生徒は18人ニャ！

　問題を解く過程で、いま出てきた分配法則、移項などの基本事項は常に必要になりますから、その都度実践できるようにしておきましょう。

次に、これから数的推理を学習するうえでの基本的な姿勢についてニャ！

STUDY　数的推理の学習法

❶　まず、自力で問題が解けるか確認する

❷　解き方が思いつかないときは、すぐに解説を読んでしまう

❸　しばらく日数をおいて、同じ問題を自力で解けるか確認する

❹　解けない場合は、またすぐに解説を読んでしまう

❺　自力で３分以内に解けるようになるまで繰り返す

わからないのに、すぐに解説を読んでしまっていいニャ…？

大丈夫ニャ！ そのほうが上達も早くなるニャ！

　数学の問題と違い、似たような問題が多く出題される数的推理では**「解法の パターン」をなるべく多く蓄えて、実際に自分で手を動かして身につけておく**ことが重要です。「解説を読んでしまう」ことが、この解き方のパターンを身につけるために有効です。わからない問題は躊躇せず、解説を読んでしまいましょう。

それと、公務員試験は択一式だから、**選択肢じたいが正解を選ぶ手がかりになる**ことがあるニャ！

　今回の例題では、「男子生徒の３分の１」が学習塾に通っていることが示されています。人数は整数であるため、男子生徒の人数は $\frac{1}{3}$ をかけたときに整数になる人数、つまり**正解が３の倍数である**ことがわかります。選択肢の中に３の倍数は**3**の18人しかありませんから、計算をしなくても正解がわかってしまいます。

　また、方程式を作ることができたものの、解いて答えを出すのが難しい場合、この５つの中に必ず正解があるのですから、**１つずつ代入して試してみる**、と

いう使い方もできます。

　公務員試験では正解を出す過程は問われませんので、選択肢もうまく使って正解を導きましょう。

最後にもう1つ大事なことがあるニャ！**完璧を目指しちゃダメニャ！**

どういうことニャ？

　数的推理が重要な科目であるのは確かですが、だからといって100％正解できることを目指す必要はありません。本番に備えて**「3分以内に解ける問題」をなるべく多くしていく、苦手な問題をなるべく少なくしていく**、という程度の心構えで臨むとよいでしょう。

正解　3

第1編

数的推理

第1章

整数の基本

第1節 素数と素因数分解

素数や素因数分解は、整数の問題を解くうえで必要な知識です。いつでも実践できるようにしましょう。

 例題2

924に自然数 n をかけて、自然数を2乗した数にしたい。このとき、自然数 n のうち最小の数は何か。　　　　　　　　　　　オリジナル

「自然数」とか「2乗」とか、ずいぶん久しぶりニャ！

大丈夫ニャ！　まずは整数に関する知識を復習しながら問題を解く手がかりを見つけるニャ！

STUDY 整数に関する基礎知識

まずは、整数に関連する用語の意味を正しく把握しましょう。

整数		例）…−4、−3、−2、−1、0、1、2、3、4…
	自然数	正の整数 例）1、2、3、4、5、6、7、8…
倍数		ある整数を整数倍した数 例）3の倍数：3、6、9、12、15、18、21、24…
約数		ある整数を割り切ることができる数（基本的に、正の約数のみを考えます） 例）24の約数：1、2、3、4、6、8、12、24

約数を別の形で表すと、例えば24の約数なら、

$$24 = \boxed{} \times \boxed{} \quad \Rightarrow \quad 24 = \boxed{1} \times \boxed{24} \quad 24 = \boxed{2} \times \boxed{12} \quad 24 = \boxed{3} \times \boxed{8} \quad 24 = \boxed{4} \times \boxed{6}$$

のように自然数どうしのかけ算で表せるとき、この□に当てはまる数が約数となります。

なお、例えば6が24の約数であることを、「24は6を約数（因数）に持つ」

と表現することもあります。

もう1つ、この例題を考えるうえで押さえておきたい前提知識があるニャ！

STUDY 素数

　例えば6の約数は1、2、3、6の4つあります。これに対して5の約数は1と5の2つだけです。このように、**約数を2つだけ（1とその数自身）持つ数**を素数といいます。

素数ではない	素数	素数ではない
6=$\boxed{1}$×$\boxed{6}$	5=$\boxed{1}$×$\boxed{5}$	1=$\boxed{1}$×$\boxed{1}$
6=$\boxed{2}$×$\boxed{3}$	約数が1と5の2つ	約数が1のみ

ここまでの知識を踏まえて、例題の解き方を考えてみるニャ！

　例題に出てくる「自然数を2乗した数」には、例えば$5×5=25$、$6×6=36$、$10×10=100$などがあります。

　「自然数を2乗した数」の性質を調べるために、**数を素数に分解してみましょう**。

　ある自然数を、素数のかけ算の形に分解することを素因数分解といいます。次のように、自然数を次々に素数で割っていくことで素因数分解できます。

```
5) 25      2) 36        2) 100
    5      2) 18        2)  50
           3)  9        5)  25
               3            5
```
…素因数分解したい数を素数で割る
…商をまだ素数で割れれば続ける
…商も素数になったら終了

25＝5×5　36＝2×2×3×3　100＝2×2×5×5

素因数分解したら、みんな同じ数のペアでできてるニャ！

じゃ、次に例題で出てきた924を素因数分解してみるニャ！

```
2) 924
2) 462
?) 231
```

924を2で割ると462、462を2で割ると231…この231を次にどの数で割ったらいいかわからないニャ…。

倍数の見分け方を知っておくとこんなとき便利ニャ！

STUDY	3の倍数・4の倍数・5の倍数の見分け方

- **3の倍数：各位の数の和が3の倍数**
  ⇒231の各位の数の和は$2+3+1=6$で、6は3の倍数なので、231も3の倍数
- **4の倍数：下2桁が4の倍数、もしくは「00」**
  ⇒8516、700はどちらも4の倍数
- **5の倍数：下1桁が「0」か「5」**

```
2) 924
2) 462
3) 231
7)  77
    11
```

ニャるほど…。231が3で割れて、素数になるまで分解できたニャ！　$924=2\times2\times3\times7\times11$になったニャ！

これにどんな数をかけたら「自然数を2乗した数」になるニャ？

924を素因数分解して出てきた数のうち、**「2」はすでにペアになっていますが、それ以外の「3」と「7」と「11」にはペアの相手がいません。**

$$924=\boxed{2\times2}\times\boxed{3\times7\times11}$$

ペアになっている　　ペアになっていない

$\boxed{2\times2}\times3\times7\times11$に$3\times7\times11$をかけて、$\boxed{2\times2}\times\boxed{3\times3}\times\boxed{7\times7}\times\boxed{11\times11}$にすれば、「自然数を2乗した数」になることがわかります。

よって、924にかけるべき自然数nは$3\times7\times11=231$です。

正解　**231**

ある4つの連続する正の奇数の積が3465であったとする。この4つの連続する奇数のうち最大の数は何か。　　　　　オリジナル

「4つの連続する正の奇数の積」ってどういうことニャ？

　　例えば「1×3×5×7」みたいに、**偶数を飛ばして連続している、4つの数をかけ算した答え**のことニャ！

ひとまず、3465を素因数分解してみましょう。

```
5)3465
 3) 693
 3) 231
 7)  77
     11
```

　　$3465 = 5 \times 3 \times 3 \times 7 \times 11$と、**5つの数の積**で表せました。これを連続する4つの奇数の積にするために、5つの数のうち2つをかけます。$3 \times 3 = 9$にして、$3465 = 5 \times 7 \times 9 \times 11$とすると、**連続する4つの奇数の積**になります。

　　よって、最大の数は11です。

正　解　11

例題4

126の約数の個数を求めよ。

オリジナル

3桁の数になると、約数を挙げるのが大変ニャ…。

約数の個数を求める簡単な方法があるから大丈夫ニャ！ まずは**素因数分解**するニャ！

```
2)  126
3)   63
3)   21
     7
```

126を素因数分解すると、$2 \times 3 \times 3 \times 7$ と表すことができます。このとき、3が2つ含まれているので、これを指数を使ってまとめて示してみます。

STUDY 指数

例えば2を3回かけるとき $2 \times 2 \times 2 = 2^3$ と表すように、ある数 x を n 回かけた数を x^n と表すことができます。

$$\underbrace{x \times x \times x \times \cdots}_{x \text{を} n \text{回かける}} = x^n$$

このとき右肩に表示される数を指数といいます。

さっき素因数分解した $126 = 2 \times 3 \times 3 \times 7$ は3が2回かけられてるニャ！

2と7も、**1回かけられている**とあえて考えると、$126 = 2^1 \times 3^2 \times 7^1$ と表すことができます。これを使って、約数の個数を求める方法があります。

約数の個数は、以下の手順で求めることができます。

❶ 約数の個数を求めたい数を素因数分解して、**素数**^{指数}×**素数**^{指数}×**素数**^{指数}

×…の形にする

❷ 指数の数値にそれぞれ1を加えてかけ合わせる

$126 = 2^1 \times 3^2 \times 7^1$なので、指数の数値にそれぞれ1を加えてかけ合わせると、

$$(1+1) \times (2+1) \times (1+1) = 2 \times 3 \times 2 = 12$$

となり、126の約数の個数は12個であるとわかります。

正解 **12個**

整数$2^2 \times 3^2 \times 4^3$の約数の個数を求めよ。　　　　オリジナル

さっきやったから楽チンニャ！ $2^2 \times 3^2 \times 4^3$の約数の個数は $(2+1)(2+1)(3+1)=36$で36個ニャ！

おしいニャ！ 整数の式をよく見るニャ！

約数の個数を求めるときには、素数^{指数}のかけ算の形にしなくてはなりません。整数の式のうち「4^3」は、4が素数でないため変形が必要です。

$$4^3 = 4 \times 4 \times 4 = (2 \times 2) \times (2 \times 2) \times (2 \times 2)$$
$$2^2 \times 3^2 \times 4^3 = 2 \times 2 \times 3^2 \times (2 \times 2) \times (2 \times 2) \times (2 \times 2)$$
$$2^2 \times 3^2 \times 4^3 = 2^8 \times 3^2$$

よって、約数の個数は $(8+1)(2+1)=27$[個]となります。

指数の式を変形するのに便利な知識を紹介するニャ！

STUDY　指数法則

$a^x \times a^y = a^{x+y}$
　例) $2^2 \times 2^6 = (2 \times 2) \times (2 \times 2 \times 2 \times 2 \times 2 \times 2) = 2^{2+6} = 2^8$
$(a^x)^y = a^{x \times y}$
　例) $4^3 = (2^2)^3 = (2 \times 2) \times (2 \times 2) \times (2 \times 2) = 2^{2 \times 3} = 2^6$

　これを使うと、$2^2 \times 3^2 \times 4^3 = 2^2 \times 3^2 \times (2^2)^3 = 2^2 \times 3^2 \times 2^{2 \times 3} = 2^2 \times 3^2 \times 2^6 = 2^{2+6} \times 3^2 = 2^8 \times 3^2$となります。

正解　27個

第**2**節 最小公倍数と最大公約数

公倍数と公約数の考え方はさまざまな文章題に応用できます。最小公倍数や最大公約数の求め方はマスターしておきましょう。

例題6

(1) 2つの自然数24、36の最大公約数と最小公倍数を求めよ。

(2) 3つの自然数12、30、36の最大公約数と最小公倍数を求めよ。

オリジナル

まず、公倍数、公約数については覚えてるニャ？

STUDY 公倍数・公約数・最小公倍数・最大公約数

複数の数に共通する倍数を公倍数（□で囲んだ数）といい、公倍数のうち最小の数を最小公倍数といいます。

$$\begin{cases} 12の倍数：12、24、\boxed{36}、48、60、\boxed{72}、84、96、\boxed{108}、120\cdots \\ 18の倍数：18、\boxed{36}、54、\boxed{72}、90、\boxed{108}、126\cdots \end{cases}$$
　　　　　　　　　└最小公倍数

複数の数に共通する約数を公約数（□で囲んだ数）といい、公約数のうち最大の数を最大公約数といいます。

$$\begin{cases} 12の約数：\boxed{1}、\boxed{2}、\boxed{3}、4、\boxed{6}、12 \\ 18の約数：\boxed{1}、\boxed{2}、\boxed{3}、\boxed{6}、9、18 \end{cases}$$
　　　　　　　　└最大公約数

なお、2つの数の最大公約数と最小公倍数は、以下のように表せます。

$12 = \boxed{6} \times 2$ 　　　　　$12 = \boxed{6 \times 2}$

$18 = \boxed{6} \times 3$ 　　　　　$18 = 6 \times \boxed{3}$

最大公約数＝6 　　　　　最小公倍数＝6×2×3＝36

➡共通の最大の約数 　　　➡最大公約数の6と、それ以外の約数
　　　　　　　　　　　　　をすべてかけ合わせる

それぞれの数の約数や倍数を書き出してもよいのですが、最大公約数や最小公倍数をすだれ算を使って求める方法を覚えておきましょう。ただし、3つ以上の数の最小公倍数を求めるときには注意が必要です。

❶　2つの数の最大公約数・最小公倍数の求め方

　⑴の24、36の最大公約数・最小公倍数を求めてみます。

　右のように2つの数を並べて**2数両方を割れる素数で割り**、その商である2数についても同様に繰り返します。

　2、3の2数を**ともに割れる素数はない**ので、ここで終了です。

　割る数を縦に拾った$2 \times 2 \times 3 = 12$が2つの数の最大公約数であり、割る数と商をL字型に拾った$2 \times 2 \times 3 \times 2 \times 3 = 72$が2つの数の最小公倍数です。

❷　3つ以上の数の最大公約数・最小公倍数の求め方

　⑵の12、30、36の最大公約数・最小公倍数を求めてみます。

　右のように3つの数を並べて**3数すべてを割れる素数で割り**、その商である3数についても同様に繰り返します。

　2、5、6の3数**すべてを割れる素数はない**のでここでいったん終了し、割る数を縦に拾った$3 \times 2 = 6$が3つの数の最大公約数です。

　最小公倍数を求めるには、**一部が同じ素数で割り切れればさらに割り続けます**。

　2、5、6の3数のうち、2と6を2で割り5はそのまま下に下ろします。

　割る数と商をL字型に拾った$3 \times 2 \times 2 \times 1 \times 5 \times 3 = 180$が最小公倍数です。

正　解　⑴最大公約数12・最小公倍数72
　　　　⑵最大公約数6・最小公倍数180

ある2桁の自然数と42の最大公約数が6で最小公倍数が168である。
このとき、この自然数の十の位の数と一の位の数の和として、正しいの
はどれか。　　　　　　　　　　　　　　　　　　　警視庁Ⅰ類2014

1　　6
2　　7
3　　8
4　　9
5　　10

> この問題は、最大公約数と最小公倍数の見方を変えてみると考えや
> すいニャ！

　　求める自然数を x として、 x と42の最大公約数が6であることを考えると、
x は6ともう1つ別の自然数 y をかけ合わせた数と見て $x = 6 \times y$、$42 = 6 \times 7$ と
表せます。

　　すると、最大公約数の6と、それ以外の y と7をかけ合わせた数が最小公倍
数となります。

$$
\begin{array}{c|c}
x = 6 \times y & x = 6 \times y \\
42 = 6 \times 7 & 42 = 6 \times 7 \\
\text{最大公約数} = 6 & \text{最小公倍数} = 6 \times y \times 7
\end{array}
$$

　　問題文より最小公倍数は168なので、$6 \times y \times 7 = 42y = 168$ と表すことができま
した。両辺を42で割って、$y = 4$ となります。

　　よって、$y = 4$ を $x = 6y$ に代入すると、$x = 6 \times 4 = 24$ となります。求める自然
数の十の位の数と一の位の数の和は、$2 + 4 = 6$ となるので、正解は **1** です。

　　　　　　　　　　　　　　　　　　　　　　　　　　　正　解　1

問題 1

難易度 **A**

自然数Aを168倍すると、別の自然数の2乗となるとき、最小の自然数Aはいくつか。

警視庁Ⅰ類2007

1 18

2 26

3 34

4 42

5 50

HINT　自然数を2乗した数

自然数を2乗した数を素因数分解すると、必ず同じ数のペアで構成されています。

$$25 = 5 \times 5$$
$$36 = 2 \times 2 \times 3 \times 3$$
$$100 = 2 \times 2 \times 5 \times 5$$

まず、168を素因数分解します。

$$
\begin{array}{r|r}
2) & 168 \\
2) & 84 \\
2) & 42 \\
3) & 21 \\
\hline
& 7
\end{array}
$$

　168を素因数分解すると$2×2×2×3×7$となり、「$2×2$」はペアになっていますが、「$2×3×7$」はペアになっていません。よって、168に「$2×3×7$」をかけると自然数を2乗した数になります。

$$
168 = \underbrace{2×2}_{2\text{はペアになっている}} \times \underbrace{2×3×7}_{2×3×7\text{はペアになっていない}}
$$

よって、$A = 2×3×7 = 42$なので、正解は **4** です。

問題2

　連続した5つの自然数の積が30240になるとき、この5つの自然数の和として、正しいのはどれか。

東京都Ⅰ類2016

1　30

2　35

3　40

4　45

5　50

 連続する5つの自然数

　素因数分解することで現れた数を組み合わせて、連続した5つの自然数にすることを考えます。特に、素因数分解して現れた最も大きな数に注意してみましょう。

30240を素因数分解とすると、$30240 = 2^5 \times 3^3 \times 5 \times 7$と表すことができます。

このうち最も大きな数である7に着目して7の前後の6や8を作れないか試し、連続する5つの自然数の積が30240になるよう考えてみます。

7より1つ大きな数の8は$2 \times 2 \times 2$、8より1つ大きな数の9は3×3で作ることができます。

$$30240 = \underbrace{2 \times 2 \times 2}_{8} \times 2 \times 2 \times 3 \times \underbrace{3 \times 3}_{9} \times 5 \times \underbrace{7}_{7}$$

さらに、2×3で6を作ることができ、$6 \times 7 \times 8 \times 9$が揃いました。

$$30240 = \underbrace{2 \times 2 \times 2}_{8} \times 2 \times \underbrace{2 \times 3}_{6} \times \underbrace{3 \times 3}_{9} \times 5 \times \underbrace{7}_{7}$$

5が残っていますが、$5 \times 6 \times 7 \times 8 \times 9$にしてしまうと、2が余ってしまいます。

$$30240 = \underbrace{2 \times 2 \times 2}_{8} \times 2 \times \underbrace{2 \times 3}_{6} \times \underbrace{3 \times 3}_{9} \times \underbrace{5}_{5} \times \underbrace{7}_{7}$$
（2が余る）

そこで、9より1つ大きな数の10を2×5で作ると、$30240 = 6 \times 7 \times 8 \times 9 \times 10$と、連続する5つの整数の積にできました。

$$30240 = \underbrace{2 \times 2 \times 2}_{8} \times \overbrace{2 \times \underbrace{2 \times 3}_{6} \times \underbrace{3 \times 3}_{9} \times 5}^{10} \times \underbrace{7}_{7}$$

この5つの自然数の和は$6 + 7 + 8 + 9 + 10 = 40$となるので、正解は**3**です。

問題**3**

Aはヨーロッパに旅行し、価格の異なる6個の土産物を購入した。次のことが分かっているとき、最も高い土産物の価格はいくらか。

なお、価格の単位はユーロのみで、それぞれの価格に1ユーロ未満の端数はなかったものとする。

国家一般職2015

○ 購入した土産物の総額は207ユーロであった。

○ 6個全ての土産物の価格の各桁の数字をみると、1から9までの全ての数字が一つずつあり、0はなかった。

○ 10ユーロより高い土産物の中に、価格の各桁の数字の和が7となるものが一つあった。

○ 最も安い土産物の価格は1ユーロで、これ以外の土産物の価格の値は全て素数であった。

1 59ユーロ

2 67ユーロ

3 79ユーロ

4 89ユーロ

5 97ユーロ

HINT 2桁以上の素数の一の位に現れない数

素数：2、3、5、7、11、13、17、19、23、29、31、37、41、43、47……

2は唯一の偶数の素数です。

また、素数の中で5の倍数は5のみとなります。

1ユーロ以外のすべての価格の値が素数なので、2桁以上の素数の一の位における数を考えてみましょう。

　選択肢より、最大の金額は2桁です。加えて2つ目の条件より1～9の9個の数を1つずつ使って6つの価格を作るので、□□、□□、□□、□、□、□のように、**2桁の数字が3つ、1桁の数字が3つ**に決まります。さらに4つ目の条件より、このうち1桁の数字の1つが1となります。

　残り8個の数字のうち、4、6、8を一の位に当てはめると偶数になりますが、2以外の偶数は素数ではないので4つ目の条件に反します。よって、**4、6、8は十の位の数**に決まります。

4□、6□、8□、1、□、□

　この段階で、最大の数は「2桁で十の位が8」であることが決まります。よって、正解は**4**です。

　なお、偶数である2は、42、62、82など、2桁の数の一の位に当てはめると2桁の偶数になってしまい素数ではなくなります。よって、**2は1桁で使われる**ことになります。

　また、5を、45、65、85など2桁の数字の一の位に当てはめると、2桁の5の倍数となり素数ではなくなります。5の倍数で素数なのは1桁の5のみです。よって、**5は1桁で使われる**ことになります。

4□、6□、8□、1、2、5

　残りの3、7、9の3つの数を使って、3つ目の条件にある「**各桁の数字の和が7となるもの**」を作るには、3を「4□」の一の位において43とするしかありません。

43、6□、8□、1、2、5

　残りは7と9ですが、69とすると3の倍数となり素数ではないので、67と89に決まります。

　6つの土産物の価格は1、2、5、43、67、89ユーロとなり、合計207ユーロと確かめられます。

問題 4

難易度 **B**

a、b が正の整数であり、$a+b=4$ を満たすとき、整数 $2^2 \times 3^a \times 4^b$ の正の約数の個数のうち最小となる個数はどれか。

特別区Ⅰ類2020

1   17個

2   18個

3   19個

4   20個

5   21個

HINT   約数の個数

　ある数を素数^{指数}×素数^{指数}×素数^{指数}×…と表すとき、その数の約数の個数は指数の数値にそれぞれ1を加えてかけ合わせたものになります。

まず、$2^2 \times 3^a \times 4^b$ を、素数^{指数}×素数^{指数}×素数^{指数}×…の形に変形します。

$$2^2 \times 3^a \times 4^b = 2^2 \times 3^a \times (2^2)^b$$
$$= 2^2 \times 3^a \times 2^{2b}$$
$$= 2^{2+2b} \times 3^a$$

この式の**指数の数に1を加えたものをかけ合わせれば約数の個数となる**ので、$(2+2b+1) \times (a+1)$ [個] です。

問題の条件より、a、b は正の整数で $a+b=4$ を満たすので、$a=1$ で $b=3$、$a=2$ で $b=2$、$a=3$ で $b=1$ の3通り考えられます。それぞれ代入して約数の個数が最小になったものが正解です。

$a=1$、$b=3$ のとき、約数の個数は、$(2+2\times3+1)\times(1+1)=9\times2=18$ [個] です。

$a=2$、$b=2$ のとき、約数の個数は、$(2+2\times2+1)\times(2+1)=7\times3=21$ [個] です。

$a=3$、$b=1$ のとき、約数の個数は、$(2+2\times1+1)\times(3+1)=5\times4=20$ [個] です。

以上より、約数の最小個数は18個なので、正解は **2** です。

□□□

問題 5

難易度　A

　異なる2つの自然数がある。最小公倍数と最大公約数の差は88で、最小公倍数と最大公約数の和は104になる。この2つの自然数の積として、最も妥当なのはどれか。

警視庁Ⅰ類2018

1　384

2　512

3　768

4　832

5　960

HINT　最大公約数と最小公倍数

　例えば、21と14の最大公約数は7、最小公倍数は42となります。

　2つの数の最小公倍数は、最大公約数に最大公約数以外の約数をすべてかけ合わせた数です。

$$21 = 7 \times 3 \qquad\qquad 21 = 7 \times 3$$
$$14 = 7 \times 2 \qquad\qquad 14 = 7 \times 2$$

最大公約数＝7　　　　最小公倍数＝7×3×2＝42

異なる2つの自然数を x と y、最大公約数を m、a と b を自然数とすると、以下のように表せます。

$x = m \times a$

$y = m \times b$

最小公倍数は、最大公約数とその他の約数をかけ合わせたものなので、**$m \times a \times b$** となります。

$x = \boxed{m \times a}$

$y = m \times \boxed{b}$ …最小公倍数 $= mab$

最小公倍数と最大公約数の和が104、差が88なので、以下のように式が立ちます。

$mab + m = 104$ ……①

$mab - m = 88$ ……②

① $-$ ②より $2m = 16$ となり、$m = 8$ となります。

$m = 8$ を①に代入して、$8ab + 8 = 104$ より、$ab = 12$ となります。

よって、求める2つの自然数の積は、$x \times y = (m \times a) \times (m \times b) = ab \times m \times m$ となり、これに $ab = 12$、$m = 8$ を代入すると、$12 \times 8 \times 8 = 768$ です。

よって、正解は **3** です。

問題6

　ある自然数A、Bは、最大公約数が10、最小公倍数が7140で、AはBより130大きい。自然数AとBの和はどれか。 特別区Ⅲ類2016

1 420

2 550

3 680

4 810

5 940

HINT 2数の組合せを考える

　2つの未知な自然数についてかけ算の式と引き算の式があるとき、かけ算の式のほうがその2つの数を見つける手がかりにしやすいです。

例） x と y は自然数、$x > y$

$$\begin{cases} x \times y = 6 \\ x - y = 6 \end{cases}$$

　かけ算の式からは $(x=6,\ y=1)$ か $(x=3,\ y=2)$ の2通りに絞り込める一方、引き算の式からは $(x=7,\ y=1)$、$(x=8,\ y=2)$、$(x=9,\ y=3)$、…と組合せが無数に生じてしまいます。

　A、Bの最大公約数が10なので、aとbを自然数とするとA＝10a、B＝10bと表すことができます。

　　A＝$\boxed{10 \times a}$

　　B＝$10 \times b$

　最小公倍数＝最大公約数×a×bなので、$10 \times a \times b = 7140$より、

　　$ab = 714$　……①

となります。

　AはBより130大きいので、A－B＝10a－10b＝130であり、

　　$a - b = 13$　……②

となります。

　①と②より、aとbは、**積が714で差が13**です。714を素因数分解すると、$714 = 2 \times 3 \times 7 \times 17$です。この$2 \times 3 \times 7 \times 17$を、差が13となるように2つの数の積にします。

　まず、素因数分解したときの最大の数17と、それ以外の積で考えてみます。

　　$a \times b = 17 \times (7 \times 2 \times 3) = 17 \times 42$

　17と42では差が25となり、13よりも差が大きくなってしまいます。

　そこで、17に最小の数2をかけて、17×2と、7×3の2つの数の積にしてみます。

　　$a \times b = (17 \times 2) \times (7 \times 3) = 34 \times 21$

　34と21で差が13になりました。よって、$a = 34$、$b = 21$に決まります。

　A＝10a、B＝10bに、$a = 34$、$b = 21$を代入して、A＝$10 \times 34 = 340$、B＝$10 \times 21 = 210$となるので、A＋B＝$340 + 210 = 550$より、正解は **2** です。

第**2**章

整数の応用

第1節 余りの計算

割り算で生じる「余り」にフォーカスした問題です。ある程度パターン化できるので、何度も繰り返して得点源にしましょう。

例題8

> 5で割ると4余り、7で割ると6余る3桁の自然数のうち、最も小さいものの各桁の数字の和はいくらか。
>
> オリジナル

小学校の算数みたいな問題かと思ったら案外難しいニャ…。

解き方を理解するために、簡単なところから考えてみるニャ！
まず、「5でも7でも割り切れる数」だったらどうニャ？

それならわかるニャ！ **5と7の公倍数**を挙げればいいニャ！

「5でも7でも割り切れる数」のうち最小の自然数は、5と7の最小公倍数35です。さらに、35の倍数である35、70、105、140、175、210…もすべて「5でも7でも割り切れる数」です。

次に、「5で割っても7で割っても1余る数」はどうニャ？

わかったニャ！「**5でも7でも割り切れる数**」に1を足した数ニャ！

5でも7でも割り切れる数：
 　35、70、105、140、175、210、245、270、305…
5で割っても7で割っても1余る数：
 　36、71、106、141、176、211、246、271、306…

+1

でも、この問題は「5で割ると4余り、7で割ると6余る」だから
余る数が同じじゃないニャ…。

それなら、状況を具体的にイメージしてみるニャ！

「5で割る」を、「クッキーを5個ずつ箱に詰めていく」と考えてみましょう。
「4余り」というのは、最後の1箱にクッキーを詰めようとしたら4個しか
なく、あと1個あれば5個入りの箱にすべて詰めることができた、という状況
です。

つまり、「5で割ると4余る」は、「5で割ると**1足りない**」と言い換えるこ
とができます。

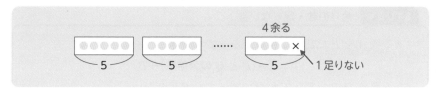

同様に「7で割ると6余る」は、クッキーを7個ずつ箱に詰めていったら、
最後の1箱には6個分しかない、つまり、「7で割ると**1足りない**」と言い換
えられますね。

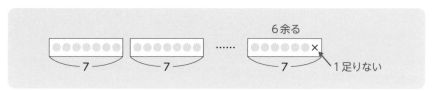

よって、例題は、「**5で割っても7で割っても1足りない数**」と言い換える
ことができます。このように「余り」を「足りない数」に言い換えれば、バラ
バラだった余りの数を、同じ数だけ足りないと考えることができました。

> ここで、さっきのやり取りを思い出してみると、求める数がわかる
> はずニャ！

> ニャるほど！「**5でも7でも割り切れる数**」から1を引いた数ニャ！

> **5でも7でも割り切れる数：**
>
> 　　35、70、105、140、175、210、245、270、305…
> **5で割っても7で割っても1足りない数：**
>
> 　　34、69、104、139、174、209、244、269、304…
>
> −1

　挙げられた数のうち3桁で最も小さいものは104なので、各桁の数字の和は
$1+0+4=5$ です。

STUDY　**余りの数・足りない数**

> ある数 A を P で割っても Q で割っても B 余る
>
> 　　　⇒　$A=(PとQの公倍数)+B$
>
> ある数 A を P で割っても Q で割っても B 足りない
>
> 　　　⇒　$A=(PとQの公倍数)-B$

　　　　　　　　　　　　　　　　　　　　　　　　[正解] 5

> 6で割ると4余り、9で割ると1余る3桁の自然数のうち、最も小さいものの各桁の数字の和はいくらか。 オリジナル

「6で割ると4余る」は「6で割ると**2足りない**」と言い換えることができます。また、「9で割ると1余る」は「9で割ると**8足りない**」と言い換えることができます。ただ、足りない数を使っても1つにまとめることができません。

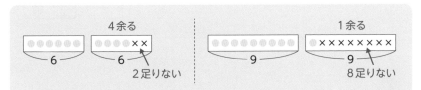

今度は余りの数も足りない数もそろわないニャ…。

こんなときはちょっと見方を工夫するといいニャ！

例えばクッキーを6個入りの箱に詰めていって、最後の1箱を満たすのに2個足りないとき、さらに6個用の空箱を持ってくると、**6個と2個を合わせて8個足りない**と言い換えることもできます。

すると、「**6で割っても9で割っても8足りない数**」とそろえることができました。

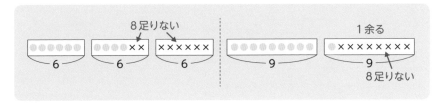

第1編 第2章 整数の応用

6でも9でも割り切れる数：
　　　　　18、36、54、72、90、108、126、144…

6で割っても9で割っても8足りない数：
　　　　　10、28、46、64、82、100、118、136…

$\Big\}$ −8

　挙げられた数のうち3桁で最も小さいものは100なので、各桁の数字の和は1+0+0=1です。

$\boxed{\text{正　解}}$ 1

3で割ると2余り、7で割ると6余り、5で割ると3余る自然数のうち、最も小さいものの各桁の数字の和はいくらか。　　オリジナル

割る数が3つになっても考え方は同じニャ！

「3で割ると2余り」と「7で割ると6余り」はそれぞれ、「3で割ると**1足りない**」、「7で割ると**1足りない**」と言い換えることができますね。「5で割ると3余る」は「5で割ると**2足りない**」となるので、これだけ足りない数がそろいません。

ひとまず、「3で割ると2余り」と「7で割ると6余り」の2つを、「**3と7の公倍数21で割ると1足りない**」とまとめてしまいましょう。

これは「21の倍数から1を引いた数」ですが、この数の中から「5で割ると3余る数」を見つけることを考えます。

5で割ると3余る数は、5で割り切れる数に3を加えた数なので、3、8、13、18、23…となり、**一の位の数が8か3**とわかります。

21の倍数から1を引いた数：20、41、62、83、104、125、146…

該当する最小の数は83なので、各桁の数字の和は8＋3＝11です。

正　解　11

N進法

数値の表し方を変換する操作を行う問題が出題されます。N進法の考え方と基本操作を覚えましょう。

例題11

> 3進法で212と表す数を10進法で表した数として正しいのはどれか。
>
> オリジナル
>
> **1** 20　**2** 21　**3** 22　**4** 23　**5** 24

3進法ってどういうことニャ？

　普段使っている10進法では、0～9の10種類の数を使ってすべての数を表します。**10進法は「10になったら次の位に移る」ルール**です。

1円玉が10枚で10円玉になる

10円玉が10枚で100円玉になる

　3進法では0、1、2の3種類の数を使ってすべての数を表し、**「3になったら次の位に移る」ルール**です。

　通貨にたとえると、3円玉や9円玉がある世界だと考えてください。

1円玉が3枚で3円玉になる

3円玉が3枚で9円玉になる

　10進法の位は1→10→100→1,000…と10倍ずつ増えていきますが、3進法の位は1→3→9→27…と**3倍ずつ増えていきます**。

通貨のイメージを使って、**3進法の世界での1〜10円**を表してみるニャ！

例題の「212」という数を、**3進法の世界での212円**と考えましょう。

3進法の212円は9円玉が2枚、3円玉が1枚、1円玉が2枚なので$9 \times 2 + 3 \times 1 + 1 \times 2 = 18 + 3 + 2 = 23$となり、10進法における23円になります。

3進法	9円玉	3円玉	1円玉
枚数	2	1	2
10進法	18	3	2

STUDY　N進法から10進法への変換

N進法の位取りは、右から1の位（N^0の位）、Nの位（N^1の位）、N^2の位…という構成になっています。

❶　与えられたN進法表記の数を位に当てはめる

❷　与えられた数と位をかけ合わせる

❸　かけ算の答えを足し合わせる

よって、10進法で表すと23なので、正解は**4**です。

正　解) 4

例題12

10進法で77と表す数を6進法で表した数として正しいのはどれか。

オリジナル

1 201　　**2** 202　　**3** 203　　**4** 204　　**5** 205

今度は10進法から10進法以外への変換ニャ！

手順を覚えておけば問題ないニャ！

　10進法で表された数を10進法以外に変換するために、すだれ算を使う方法があります。10進法の77を6進法に変換するには、**77を6進法の「6」で割り続け、余りを記入**していきます。

　77を6で割ると12余り5なので、商の12と余りの5を記入します。次に12を6で割ると、2余り0なので、商の2と余りの0を記入します。**商が6より小さな2となったので、ここで終了**です。

　2→0→5の順に読むと、10進法が6進法に変換されています。

STUDY　10進法からN進法への変換

❶　与えられた10進法表記の数をNで割り、商と余りを求める

❷　商がNより小さくなるまで繰り返す

❸　最後の商と余りをL字に拾う

```
6) 77
6) 12 … 5
    2 … 0
```

余りの0を書き忘れないようにするニャ！

正解　5

例題13

2進法で111011と表す数を5進法で表した数として正しいのはどれか。

オリジナル

1 210   **2** 212   **3** 213   **4** 214   **5** 215

N進法から別のN進法への変換は教わってないニャ…。

この場合、**いったん10進法を経由する**といいニャ！

まず2進法の111011を10進法にすると、59になります。

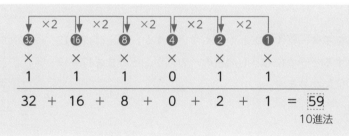

今度は、10進法の59を5進法にします。
右のように計算すると、5進法では「214」となります。

```
5) 59
5) 11 … 4
    2 … 1
```

正解 4

第3節 規則性

整数に関係する何らかの規則性を見つけて手がかりにする問題です。
主な出題パターンを学習しましょう。

例題14

17⁴¹の一の位の数は何か。

オリジナル

41回もかけ算してたら、試験が終わっちゃうニャ！

それこそが、**何らかの規則性がある**というヒントニャ！ 一の位だけ
問われてるのがポイントニャ！

筆算をイメージするとわかりやすいですが、例えば17×17
を計算すると一の位どうしの積の一の位が、そのまま17×17
の一の位になります。

$$
\begin{array}{rccc}
 & & 1 & 7 \\
\times & & 1 & 7 \\
\hline
? & ? & 9 \\
? & ? & \downarrow \\
\hline
? & ? & 9 \\
\end{array}
$$

よって、17^2の一の位の数は「9」です。17^3の一の位はその「9」に7をか
けて$9 \times 7 = 63$より「3」となり、17^4の一の位はその「3」に7をかけて3×7
$= 21$より「1」となります。以下、一の位の数だけをまとめると次のようにな
ります。

	17^1	17^2	17^3	17^4	17^5	17^6	17^7	17^8	17^9	17^{10}	17^{11}	17^{12}
一の位の数	7	9	3	1	7	9	3	1	7	9	3	1

7、9、3、1の4つの数の繰り返しニャ！

　4つの数が繰り返されており、17^4、17^8、17^{12}など**17を4の倍数乗したとき**の一の位の数は常に「1」です。すると、17^{40}の一の位の数が1になるので、その次の17^{41}の一の位の数は「7」です。

正解　7

例題15

　次の図のように、同じ長さの線でつくった小さな正三角形を組み合わせて、大きな正三角形をつくっていくとき、12段組み合わせるのに必要な線の合計の本数はどれか。　　　　　　　　　　特別区Ⅰ類2009

```
1段
2段
3段
4段
・
・
・
12段
```

1　198本

2　216本

3　228本

4　234本

5　252本

12段目まで数えるのは大変そうニャ…。

12段目まで数えようとせずに、**規則性**がないか考えるニャ！

　全体ではなく、**段が増えるのに伴って増えた線の本数**に着目すると、規則性が見つかります。

```
1段目　　 3本
2段目　＋6本
3段目　＋9本
4段目　＋12本
5段目　＋15本
```

このように、図形が大きくなっていくタイプの問題では、**変化分に着目する**
と規則性が見つかることが多いです。

第1編

1段増えるたびに増加する線の本数が、3本ずつ増えてるニャ！

　規則性がわかったら、増加分を推測して、最初の3本に12段目までの増加分
を加えていけば線の合計を求めることができます。

　　$3+6+9+12+15+18+21+24+27+30+33+36=234$

線の合計は234本なので、正解は **4** です。

第2章　整数の応用

STUDY　増加分の等しい数の総和

　今回のように同じ数ずつ増加する数の総和は、次の公式で求められます。

$$総和 = (最小の数 + 最大の数) \times \frac{数の個数}{2}$$

　$3+6+9+12+15+18+21+24+27+30+33+36$ も、**数が12個あり、最小の**
数が3、最大の数が36なので、次のように求められます。

$$総和 = (3+36) \times \frac{12}{2} = 234$$

　　　　　　　　　　　　　　　　　　　　　　　　　　　　正　解　4

問題7

　6で割ると4余り、7で割ると5余り、8で割ると6余る正の整数のうち、最も小さいものの各桁の数字の和はいくらか。　　　　国家一般職2019

1　10

2　11

3　12

4　13

5　14

HINT　余りの数・足りない数

　ある数 A を P で割っても Q で割っても B 余る
　　　　　$\Rightarrow$　$A = (P \text{ と } Q \text{ の公倍数}) + B$
　ある数 A を P で割っても Q で割っても B 足りない
　　　　　$\Rightarrow$　$A = (P \text{ と } Q \text{ の公倍数}) - B$

解 説　　　　　　　　　　　　　　　　　　　　　　**正 解** 4

　「6で割ると4余り」、「7で割ると5余り」、「8で割ると6余る」は、それぞれ「6で割ると**2足りない**」、「7で割ると**2足りない**」、「8で割ると**2足りない**」と言い換えられます。

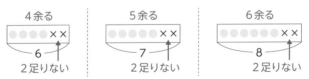

　6、7、8の最小公倍数を求めると168ですが、この数は、**6でも7でも8でも割り切れる最小の整数**となります。

$$2) \underline{\quad 6 \quad\quad 7 \quad\quad 8 \quad}$$
$$ \quad 3 \quad\quad 7 \quad\quad 4 \quad\longrightarrow\ \text{最小公倍数}=2\times3\times7\times4=168$$

　求める正の整数は「**6で割っても、7で割っても、8で割っても2足りない数**」なので、「168の倍数に2足りない数」といえます。168の倍数である168、336、504、672…に2足りない数は、166、334、502、670…となります。
　このうち、最小の正の整数は166であり、各桁の数字の和は $1+6+6=13$ なので、正解は **4** です。

問題 8

難易度　**A**

2022以下の自然数のうち、4で割ると3余り、かつ、11で割ると5余る数は何個あるか。

国家専門職2022

1　44個

2　45個

3　46個

4　47個

5　48個

H I N T　「足りない数」でそろえる

　余りの数・足りない数のどちらもそろわない場合でも、「足りない数」を増やしていくことでそろうポイントを見つけられることがあります。

　「xをaで割るとb足りない」は「xをaで割ると $(a+b)$ 足りない」と言い換えることができます。

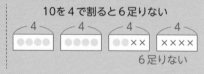

10を4で割ると2足りない　　　　　　10を4で割ると6足りない

「4で割ると3余り」は、「4で割ると**1足りない**」と言い換えることができますが、これをさらに「4で割ると5足りない」、「9足りない」、「13足りない」、「**17足りない**」と言い換えることもできます。

同様に、「11で割ると5余る」は、「11で割ると**6足りない**」と言い換えることができますが、これをさらに「11で割ると**17足りない**」と言い換えることもできます。

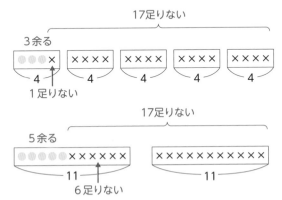

よって、求める自然数は、「**4で割っても11で割っても17足りない数**」となり、4と11の最小公倍数が44なので、「44の倍数に17足りない数」と言い換えることができます。

44の倍数を$44m$とおくと、求める自然数$=44m-17$と表すことができ、求める自然数は2022以下なので、$44m-17\leqq2022$となります。

-17を移項して$44m\leqq2039$となり、$44m\leqq2039$の両辺を44で割ると$m\leqq46.3$…より、mには$1\sim46$の46個の数が入ります。

よって、求める自然数は46個あるので、正解は **3** です。

問題 **9**

5で割ると2余り、6で割ると5余り、7で割ると6余る最小の自然数の各位（くらい）の和として、最も妥当なのはどれか。

警視庁Ⅰ類2019

1 11

2 12

3 13

4 14

5 15

HINT 3つの条件のうち1つがそろわない場合

余る数を足りない数に言い換えることで3つの条件のうち2つがそろえられるときは、まず2つの条件をまとめて該当する自然数を示す式を作ってみましょう。

「5で割ると2余り」、「6で割ると5余り」、「7で割ると6余る」自然数は、「5で割ると**3足りない**」、「6で割ると**1足りない**」、「7で割ると**1足りない**」自然数と言い換えることができます。

このうち「1足りない」で条件のそろっている2つにまず注目すると、求める自然数は「**6で割っても7で割っても1足りない数**」となるので、6と7の最小公倍数が42であることから、「42の倍数に1足りない数」と言い換えることができます。

42の倍数は、42、84、126、168…なので、42の倍数に1足りない数は、41、83、125、167…となります。

さらに、この中から、「5で割ると2余り」の条件を満たす自然数を探していきます。

「5で割ると割り切れる」のは5、10、15、20、25、30…と、一の位の数が0か5の自然数です。

よって、「5で割ると2余る」自然数は、それらに2を加えた7、12、17、22、27、32…となるので、**一の位の数が7か2の自然数**だとわかります。

42の倍数に1足りない数のうち、一の位の数が7か2となる数で最小の数は167です。

42の倍数から1を引いた数：41、83、125、167、209、251、293…

求める自然数は167に決まり、各位の数の和は1＋6＋7＝14となるので、正解は**4**です。

　自然数 x は、23を加えると29の倍数となり、29を加えると23の倍数となる最小の数である。この自然数 x を6で割った余りとして、最も妥当なのはどれか。

東京消防庁Ⅰ類2020

1　1

2　2

3　3

4　4

5　5

「自然数 x は、23を加えると29の倍数となり」より、$x+23=29m$ と表せます（$m=1$、2、3…）。x について整理すると $x=29m-23$ となります。これは「**x を29で割ると23足りない**」ということを意味します。

また、「29を加えると23の倍数となる」より、$x+29=23n$ と表せます（$n=1$、2、3…）。x について整理すると $x=23n-29$ となり、これは「**x を23で割ると29足りない**」ということを意味します。

「x を29で割ると**23足りない**」は、「x を29で割ると**52足りない**」と言い換えられ、「x を23で割ると**29足りない**」は、「x を23で割ると**52足りない**」と言い換えることができます。

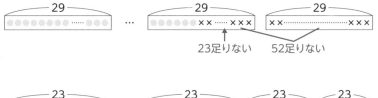

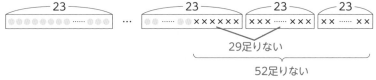

よって、「**x を29で割っても23で割っても52足りない**」ことがわかり、29と23の最小公倍数が667なので、x は「667の倍数に52足りない最小の数」と言い換えることができます。

よって、$x=667×1-52=615$ となります。

615を6で割った余りは3なので、正解は **3** です。

難易度 **A**

2進法で1010110と表す数と、3進法で2110と表す数がある。これらの和を5進法で表した数として、正しいのはどれか。　　　　　　　東京都Ⅰ類2018

1　　102

2　　152

3　　201

4　　1021

5　　1102

HINT　　N進法から10進法への変換

2進法の1010110と3進法の2110を直接足すのが難しいため、いったん両者を10進法で表してから足すとよいでしょう。

$$
\begin{array}{cc}
\text{2進法} & \text{10進法} \\
\boxed{1010110} & = \boxed{} \\
& + \\
\text{3進法} & \text{10進法} \\
\boxed{2110} & = \boxed{} \\
& = \\
\text{10進法} & \text{5進法} \\
\boxed{} & = \boxed{}
\end{array}
$$

2数の和を求めるに当たって、両方ともいったん**10進法に変換**します。

2進法で表された数1010110を10進法にすると86、3進法で表された数2110を10進法にすると66となります。よって、この2数の和を10進法で表すと86＋66＝152となります。

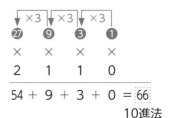

次に、10進法の152を5進法に変換します。

右のように5で割り続けて余りの数を記入し、L字に沿って拾うと1102となります。

よって、正解は**5**です。

$$5)\ \underline{152}$$
$$5)\ \underline{\quad 30}\ \cdots\ 2$$
$$5)\ \underline{\quad\ 6}\ \cdots\ 0$$
$$1\ \cdots\ 1$$

2進法		10進法
1010110	＝	86

＋

3進法		10進法
2110	＝	66

＝

10進法		5進法
152	＝	1102

問題 12

　9進法で表された数868と、7進法で表された数150との和を5進法で表した数はどれか。
特別区経験者採用2021

1　2033

2　2213

3　10001

4　10320

5　11134

解　説　　　　　　　　　　　　　　　　　　　　　　　正　解 5

　2数の和を求めるに当たって、両方ともいったん**10進法に変換**します。

　9進法で表された数868を10進法にすると710、7進法で表された数150を10進法にすると84となります。よって、この2数の和を10進法で表すと710＋84＝794となります。

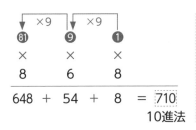

	×9	×9			×7	×7	
⑧⑨		⑨	①	㊾		⑦	①
×		×	×	×		×	×
8		6	8	1		5	0

648 ＋ 54 ＋ 8 ＝ 710　　　49 ＋ 35 ＋ 0 ＝ 84
　　　　　　　　　　10進法　　　　　　　　　　　10進法

　次に、10進法の794を5進法に変換します。

　右のように5で割り続けて余りの数を記入し、L字に沿って拾うと11134となります。

　よって、正解は **5** です。

5) 794
5) 158 … 4
5) 31 … 3
5) 6 … 1
　　1 … 1

9進法		10進法
868	＝	710

＋

7進法		10進法
150	＝	84

＝

10進法		5進法
794	＝	11134

問題 13

$7^{17}+3^{25}$ の一の位の数として、最も妥当なのはどれか。 　東京消防庁Ⅰ類2018

1 　0

2 　2

3 　4

4 　6

5 　8

HINT 　一の位のみに着目する

膨大な計算が求められる問題では、規則性がないか調べてみます。

計算結果の一の位がどのように変化していくか、調べてみましょう。

	7^1	7^2	7^3	…
一の位の数	7	9	3	…

　一の位の数が問われているので、7^1、7^2、7^3…の一の位の数のみ書き込んでいきます。

　7^1の一の位の数は「7」、7^2の一の位の数は「9」、7^3の一の位の数は「3」、7^4の一の位の数は「1」…と調べていくと、一の位の数は7、9、3、1の4つの数が繰り返されていることがわかります。

	7^1	7^2	7^3	7^4	7^5	7^6	7^7	7^8	7^9	7^{10}	7^{11}	7^{12}
一の位の数	7	9	3	1	7	9	3	1	7	9	3	1

　4つの数が繰り返されており、**7を4の倍数乗したとき**の一の位の数は常に「1」です。

　すると、7^{16}の一の位の数が1になるので、その次の7^{17}の一の位の数は「7」です。

　同様に、3^1、3^2、3^3…についても考えると以下のようになり、一の位の数は3、9、7、1の**4つの数が繰り返されている**ことがわかります。

	3^1	3^2	3^3	3^4	3^5	3^6	3^7	3^8	3^9	3^{10}	3^{11}	3^{12}
一の位の数	3	9	7	1	3	9	7	1	3	9	7	1

　4つの数が繰り返されており、**3を4の倍数乗したとき**の一の位の数は常に「1」です。

　すると、3^{24}の一の位の数が1になるので、その次の3^{25}の一の位の数は「3」です。

　$7^{17}+3^{25}$の一の位の数は7^{17}と3^{25}の一の位の数を足したものに等しいので、$7+3=10$より、一の位の数は0です。

　よって、正解は**1**です。

□□□

問題 **14**

難易度 **B**

　下図のように、白と黒の碁石を交互に追加して正方形の形に並べていき、最初に白の碁石の総数が120になったときの正方形の一辺の碁石の数として、正しいのはどれか。

東京都Ⅰ類2015

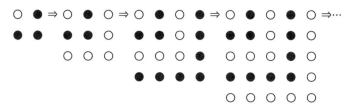

1　　11
2　　13
3　　15
4　　17
5　　19

HINT　　変化分に着目する

　大きくなっていく図形の規則性を見つけるには、全体ではなく増加分に着目するようにします。

当初1個あった白の碁石が、問題に図示された範囲でどのように増加したかを数えると以下のようになります。

始め	増加分	
1	+5	+9

○ ● ⇒ ○ ● ○ ⇒ ○ ● ○ ● ⇒ ○ ● ○ ● ○
● ● ● ● ○ ● ● ○ ● ● ○ ● ● ○
○ ○ ○
5個増加 ● ● ● ● ● ● ○
○ ○ ○ ○ ○
9個増加

1、5、9…と**4個ずつ増加**しているので、次のように規則性が推測されます。白の碁石の増加分は4ずつ増えていくと考えられるので、合計が120になるまで順に足し合わせていくと、1＋5＋9＋13＋17＋21＋25＋29＝120となります。

始め	増加分						
1	+5	+9	+13	+17	+21	+25	+29

最も外側の白の碁石の増加分29個は、下図のように**横に14個、右下の角に1個、縦に14個**並ぶので、正方形の一辺の白の碁石の個数は15個となります。よって、正解は**3**です。

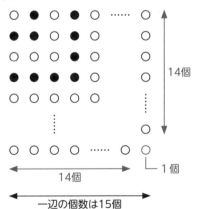

第1編

数 的 推 理

第3章

方程式の基本

第1節 濃度算・平均算

濃度の異なる液体を混ぜ合わせる問題は、平均の問題と考え方が似ています。いっしょにマスターしておきましょう。

例題16

　　3％の食塩水Ａが120gと9％の食塩水Ｂが120gある。食塩水ＡとＢを混ぜてできた食塩水の濃度として、最も妥当なのはどれか。

オリジナル

1　4％

2　5％

3　6％

4　7％

5　8％

濃度計算、何となく苦手ニャ…。

基本からしっかり理解しておけば大丈夫ニャ！

　　食塩水の濃度［％］は、「食塩水の中にどのくらいの割合で食塩が入っているか」を表しており、この関係を理解するのが大切です。

　　例えば「10％の食塩水400g」とあったら、400gの食塩水のうち、**10%が食塩**なので、食塩の量は、

$$10\% \times 400 = \frac{10}{100} \times 400 = 40[g]$$

と計算します。つまり、**(食塩の量)＝(濃度［％］)×(食塩水の量)** となります。

STUDY **濃度算の基本**

　濃度の異なる複数の食塩水を混ぜても、混ぜる前と混ぜた後で**食塩の量は変わらない**ことから、次のように式を立てるのが基本です。

入っている塩の量

濃度［%］×食塩水の量＋濃度［%］×食塩水の量＝濃度［%］×食塩水の量

混ぜる前　　　　　　　　　　　　　混ぜた後

例題の場合、混ぜた後の濃度と食塩水の量はどうするニャ？

　「混ぜた後の濃度」はまさに求めたいものなので**x%**としておきます。「混ぜた後の食塩水の量」は、混ぜる前の食塩水の量を合計すればいいので、120＋120＝240［g］です。

　すると、次のように式を立てられます。

混ぜる前　　　　　　混ぜた後

$$3\% \times 120 \quad + \quad 9\% \times 120 \quad = \quad x\% \times 240$$

3%は$3 \times \dfrac{1}{100}$で計算するニャ！

$$3\% \times 120 + 9\% \times 120 = x\% \times 240 \quad \cdots\cdots ①$$

$$3 \times \frac{1}{100} \times 120 + 9 \times \frac{1}{100} \times 120 = x \times \frac{1}{100} \times 240$$

ここで両辺を100倍します。

$$3 \times \frac{1}{100} \times 100 \times 120 + 9 \times \frac{1}{100} \times 100 \times 120 = x \times \frac{1}{100} \times 100 \times 240$$

$$3 \times 120 + 9 \times 120 = x \times 240 \quad \cdots\cdots ②$$

結局、①の式から「%」を取り除いた式が②の式になってるニャ！

$$3\% \times 120 + 9\% \times 120 = x\% \times 240 \quad \cdots\cdots①$$

↓

$$3 \times 120 + 9 \times 120 = x \times 240 \quad \cdots\cdots②$$

$$360 + 1080 = 240x$$

$$240x = 1440$$

$$x = 6[\%]$$

「%」を気にせず、次のように式を立てると楽チンニャ！

3%の食塩水120gと9%の食塩水120gを混ぜると x %の食塩水240gができる

↓

$$3 \times 120 + 9 \times 120 = x \times 240$$

ただ、実は同じ量の食塩水2つを混ぜるなら、もっと早く答えが出るニャ！

STUDY 　**同じ量の食塩水を混ぜるとき**

　同じ量の食塩水を混ぜる場合は、混ぜた後の濃度は混ぜる前の2つの食塩水のちょうど中央の濃度になります。このため、目盛を書くと簡単に解くことができます。

正　解　3

例題17

> 　4％の食塩水150gに水200gと食塩50gを混ぜてできた食塩水の濃度と
> して、最も妥当なのはどれか。　　　　　　　　　　　　オリジナル
>
> **1**　10%　　**2**　11%　　**3**　12%　　**4**　13%　　**5**　14%

水とか食塩を混ぜるときはどうしたらいいニャ？

　食塩の入っていない水は**濃度0％の食塩水**、食塩は**濃度100％の食塩水**とみなせば、これまでと同じように計算できます。

　混ぜた後の食塩水の量は150＋200＋50＝**400[g]**、混ぜた後の食塩水の濃度を x％として式を立てます。

　　$4\% \times 150 + 0\% \times 200 + 100\% \times 50 = x\% \times 400$

　　$4 \times 150 + 100 \times 50 = x \times 400$

これを解いて、$x = 14[\%]$ となるので、正解は **5** です。

> この問題のように水を加えるのと逆に、食塩水から水だけ蒸発させることもあるニャ！

STUDY　**水を加えたとき・水を蒸発させたときの食塩の量**

❶　**水を加えた場合**

濃度[%]×食塩水の量＋0%×加えた水の量＝濃度[%]×食塩水の量
　　　　　　　　　　　　　　　　　　　　　　水を加えた後の食塩水

❷　**水を蒸発させた場合**

濃度[%]×食塩水の量－0%×蒸発させた水の量＝濃度[%]×食塩水の量
　　　　　　　　　　　　　　　　　　　　　　蒸発した後の食塩水

正　解　5

濃度のわからない食塩水Aと濃度4％の食塩水Bがいずれも100gずつある。食塩水Aの半分を食塩水Bに混ぜ合わせる。次に、混ぜ合わせた後の食塩水Bの半分を食塩水Aに混ぜ合わせる。このときできた食塩水の濃度が6％であるとき、食塩水Aと食塩水Bを混合する前の食塩水Aの濃度に近いものとして、最も妥当なのはどれか。　警視庁Ⅰ類2022

1　6.7％
2　6.9％
3　7.1％
4　7.3％
5　7.5％

何度も混ぜて複雑ニャ！

1工程ずつ図に整理すればいいニャ！

工程が多い場合は、濃度［％］と食塩水の量を図に整理しながら問題文を読むといいでしょう。濃度や食塩水の量が不明な場合は、文字を当てはめておいてください。

食塩水Aの濃度をx％とします。また食塩水Aの半分と食塩水Bを混ぜたものを食塩水B′とし、この濃度をy％とします。このとき、**食塩水の量を半分にしても濃度は変わらない**ことに注意しましょう。

続いて、食塩水Bの半分と食塩水Aの残りの半分を混ぜ合わせます。図に整理すると次のとおりです。

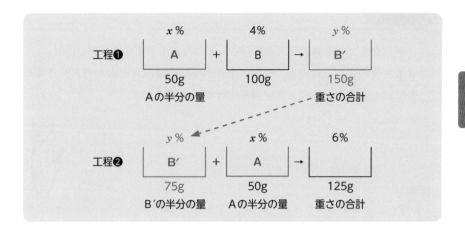

　これまでと同じ要領で式を立てていきます。混ぜる工程が2つあるので、**式が2つできます**ね。

$$x\% \times 50 + 4\% \times 100 = y\% \times 150 \quad \rightarrow \quad x \times 50 + 4 \times 100 = y \times 150$$

$$y\% \times 75 + x\% \times 50 = 6\% \times 125 \quad \rightarrow \quad y \times 75 + x \times 50 = 6 \times 125$$

それぞれ整理すると、

$$3y - x = 8 \quad \cdots\cdots ①$$

$$3y + 2x = 30 \quad \cdots\cdots ②$$

②-①により x を求めます。

$$
\begin{array}{r}
3y + 2x = 30 \\
-)\ \underline{3y - \ \ x = \ \ 8} \\
3x = 22
\end{array}
$$

　$3x = 22$ を解いて、$x = 7.33\cdots$ となるので、選択肢の中で最も近い濃度は7.3％となります。よって、正解は **4** です。

正　解　4

あるクラスで英語のテストを行ったところ、男子生徒の平均点は62点、女子生徒の平均点は67点、クラス全体の平均点は64点であった。クラスの生徒の人数が40人のとき、男子生徒の人数を求めよ。　　オリジナル

さっきまでと全然別の問題ニャ！

　　見た目は違うけど、実はそうでもないニャ！

　混ぜ合わせた食塩水は平均の濃度になるので、濃度算は平均を考える問題といえます。また、問題を解くための基本の式も似ているのでまとめて覚えてしまいましょう。

STUDY　平均算の基本

　平均とは合計を個数（人数）で割った値なので、$（平均）= \dfrac{（合計）}{（個数）}$ ですが、これを変形して（平均）×（個数）＝（合計）という形の式を使います。

　例題の場合、**平均点に人数をかけることで合計点を求められます**。また、**男子と女子を合わせたものがクラス全体**なので、次のように式を立てられます。

$$\underbrace{\text{平均点×人数}}_{\text{男子生徒の合計点}} \quad + \quad \underbrace{\text{平均点×人数}}_{\text{女子生徒の合計点}} \quad = \quad \underbrace{\text{平均点×人数}}_{\text{クラス全体の合計点}}$$

濃度算は「濃度[%]×食塩水の量」で、平均算は「平均点×人数」だから確かに似てるニャ！

男子生徒の人数を x [人]、女子生徒の人数を $(40-x)$ [人] とすると、以下のように式を立てられます。

　　$62x + 67(40-x) = 64 \times 40$

　これを整理すると、$5x = 120$ となり、$x = 24$ [人] です。

正　解 **24人**

第2節 仕事算

何らかの仕事を終えるのにかかる時間・期間を考える問題が仕事算
です。式の立て方を覚えましょう。

例題20

ある仕事を1人で仕上げるのに、Aは3日、Bは6日かかる。この仕
事をAとBの2人で行うと何日かかるか。　　　　　　　オリジナル

仕事の量が書かれてないのに、どうやって計算するニャ？

具体的な仕事の量はわからないことが多いニャ！ そういうときは自
由に設定していいニャ！

仕事算では仕事を終えるのにかかる時間や日数などを考えます。この仕事が
全体でどういった量なのかは不明であることが多く、計算のために適当な値を
設定します。

今回は、「Aは3日、Bは6日」で出てきた**3と6の最小公倍数である6**を
全体の仕事量としてみます。

全部で6個の仕事

全部で6個の仕事をAが3日で仕上げる場合、Aの1日当たりの仕事量は
6÷3＝2[個]です。

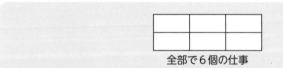

1日目　　　　　　2日目　　　　　　3日目

同様に、Bは6日で仕上げるので、Bの1日当たりの仕事量は**6÷6＝1〔個〕**です。

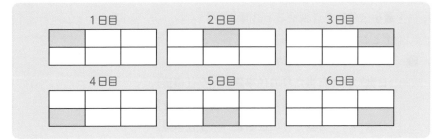

じゃあ、**1日に2個仕上げるAと1個仕上げるBが協力**したらどうなるニャ？

あ、わかったニャ！

　2人合わせて1日当たり3個の仕事ができるので、6÷3＝2より、2日で6個の仕事が仕上がります。

1日目　　　　　　　　2日目

仕事量を具体化して図に描いたことでわかりやすくなり、計算できましたね。

❶　全体の仕事量を設定する

⎰ 最小公倍数を意識すると計算しやすい

⎱ 1とおいてもよい

❷　仕事算の式に当てはめる

⎧（日数）×（1日当たりの仕事量）＝（全仕事量）

⎨（時間数）×（1時間当たりの仕事量）＝（全仕事量）

⎩（分数）×（1分当たりの仕事量）＝（全仕事量）

これを表にまとめてみます。

6個と設定した仕事を1人で仕上げるのに、Aは3日、Bは6日かかります（**表1**）。

表1	日数	×	1日当たりの仕事量	＝	全仕事量
A	3日	×		＝	6個
B	6日	×		＝	6個
AとB		×		＝	6個

かけ算の空欄を埋めるように「1日当たりの仕事量」を考えると、Aが2個、Bが1個になります。AとBの2人で仕事を行う場合、1日当たりの仕事量は2＋1＝3［個］なので、それにかかる日数は6÷3＝2［日］となります（**表2**）。

2人合わせて1日当たり3個の仕事になるニャ！

表2	日数	×	1日当たりの仕事量	＝	全仕事量
A	3日	×	2個	＝	6個
B	6日	×	1個	＝	6個
AとB	2日	×	3個	＝	6個

正解　2日

例題21

　ある仕事をAとBの2人で行うと18日かかり、BとCの2人で行うと9日かかり、AとCの2人で行うと12日かかる。この仕事をA、B、Cの3人で行うと何日かかるか。 裁判所2021

1 4日

2 5日

3 6日

4 7日

5 8日

複数人で仕事をするから、1人ひとりの仕事量がわからないニャ…。

それぞれの仕事量がわからないときは文字をおくといいニャ！

　3人で仕事をした場合にかかる日数を x[日]とし、全体の仕事量を 18、9、12の最小公倍数である36 と設定して表にまとめてみます。

　A、B、Cそれぞれの1日当たりの仕事量について a、b、c と文字をおくと、次の表に整理するとおり、4つの式を立てることができます。

　$18 \times (a+b) = 36$ より、$a+b=2$ となります。同様に、$b+c=4$、$a+c=3$ となります。

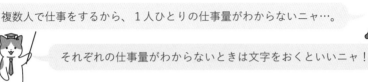

	日数	×	1日当たりの仕事量	=	全仕事量	
A＋B	18	×	$(a+b)$	=	36	$a+b=2$
B＋C	9	×	$(b+c)$	=	36	$b+c=4$
A＋C	12	×	$(a+c)$	=	36	$a+c=3$
A＋B＋C	x	×	$(a+b+c)$	=	36	

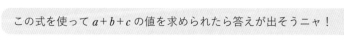

この式を使って $a+b+c$ の値を求められたら答えが出そうニャ！

3つの式を足し合わせると右のようになります。すると、

$$2a+2b+2c=9$$
$$2(a+b+c)=9$$

$$a+b+c=\frac{9}{2}$$

$$
\begin{array}{rrrrr}
a & + & b & & = & 2 \\
& & b & + & c & = & 4 \\
+) & a & + & & c & = & 3 \\
\hline
2a & + & 2b & + & 2c & = & 9
\end{array}
$$

$a+b+c=\dfrac{9}{2}$ を、$x\times(a+b+c)=36$ の式に代入します。$x\times\dfrac{9}{2}=36$ を解いて、$x=8$［日］となります。よって、正解は **5** です。

正解 5

例題22

　ある印刷作業を４時間で終えるのに、印刷機Aだけを動かすと５台、印刷機Bだけを動かすと10台必要になる。今、同じ印刷作業を１時間で終えるために印刷機Aを８台と印刷機Bの何台かを同時に動かすとき、最低でも必要となる印刷機Bの台数はどれか。　特別区経験者採用2020

　1　12台
　2　16台
　3　20台
　4　24台
　5　28台

同じ性能の機械が何台も同時に仕事をしてて、仕事算の式を当てはめづらいニャ…。

このような問題の場合、さっきの表を少し工夫すればいいニャ！

　例えば、ある印刷機を１時間動かすと、１台で a [枚]のポスターを印刷できるとします。

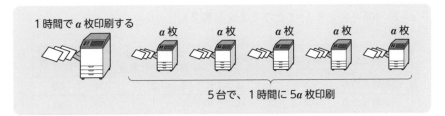

　この印刷機５台を使って４時間印刷すると、**$4 \times 5a = 20a$ [枚]** のポスターを印刷することができます。

性能が等しい機械等を複数動かしてする仕事を考えるときは、仕事算の式を一部変形して考えます。

$$(日数) \times \underbrace{(台数) \times (1台の1日当たりの仕事量)}_{1日当たりの仕事量} = (全仕事量)$$

- -

$$(時間数) \times \underbrace{(台数) \times (1台の1時間当たりの仕事量)}_{1時間当たりの仕事量} = (全仕事量)$$

印刷機A、印刷機Bが1台で1時間にする仕事量をそれぞれ a 、 b とします。

まず、印刷作業を4時間で終えるには、印刷機Aだけだと5台、印刷機Bだけだと10台必要になることを表に書き入れます（**表1**）。

表1	時間数	×	台数	×	1台の1時間 当たりの仕事量	=	全仕事量
印刷機Aのみ	4	×	5	×	a	=	
印刷機Bのみ	4	×	10	×	b	=	

印刷機Aだけを動かした場合の全仕事量は $4 \times 5 \times a = 20a$、印刷機Bだけを動かした場合の全仕事量は $4 \times 10 \times b = 40b$ となります。

ここで、**全仕事量を20と40の最小公倍数である40に設定**すると、$20a = 40$ より $a = 2$、$40b = 40$ より $b = 1$ となります（**表2**）。

表2	時間数	×	台数	×	1台の1時間 当たりの仕事量	=	全仕事量
印刷機Aのみ	4	×	5	×	2	=	40
印刷機Bのみ	4	×	10	×	1	=	40

次に、1時間で同じ全仕事量40を終えるために同時に動かす場面を考えます。ここで印刷機Bを動かす台数を x [台] とおきます。

印刷機Aを8台、印刷機Bを x [台] 動かして1時間で全仕事量40を終えるので、$1 \times (8 \times a + x \times b) = 40$ という式を立てることができます（**表3**）。

表3	時間数	×	台数	×	1台の1時間 当たりの仕事量	=	全仕事量
印刷機A			8	×	a		
+	1	×	+			=	40
印刷機B			x	×	b		

$1 \times (8 \times a + x \times b) = 40$ の式に $a = 2$、$b = 1$ を代入すると $x = 24$ [台] となるので、正解は **4** です。

正解 4

ある仕事を1人で仕上げるのに、Aは6日、Bは12日かかる。この仕事を始めはAとBの2人で行っていたが、途中からBが病気で休んでしまい、Aのみで3日かけて最後まで仕事を仕上げた。AとBの2人で仕事をしていたのは何日間か。　　　　　　　　　　　オリジナル

途中で仕事するメンバーが変わったから整理しづらいニャ…。

こういう問題もよくあるニャ！落ち着いて整理すれば大丈夫ニャ！

　まずは全仕事量を**6と12の最小公倍数である12に設定**し、AとBの1日当たりの仕事量をそれぞれ a、b として表に整理していきます（**表1**）。

表1	日数	×	1日当たりの仕事量	=	全仕事量
A	6	×	a	=	12
B	12	×	b	=	12
A＋B		×	$(a+b)$	=	12

　$6 \times a = 12$ より $a = 2$、$12 \times b = 12$ より $b = 1$ となるので、AとBが2人で仕事をすると、1日当たりの仕事量は $2 + 1 = 3$ となることがわかります（**表2**）。

表2	日数	×	1日当たりの仕事量	=	全仕事量
A	6	×	2	=	12
B	12	×	1	=	12
A＋B		×	3	=	12

　ここで、AとBが2人で仕事をしていた日数を x［日］とおくと、1日当たりの仕事量3で x［日］仕事をした後、Aのみが1日当たりの仕事量2で3日間仕事をして全仕事量12を終えたことになります。

途中で仕事をするメンバーが変わったら、「日数×1日当たりの仕事量」を分けて足し算でつなげばいいニャ！

このことから、

$$\underbrace{\underset{\substack{x \\ \text{日数}}}{x} \times \underset{\substack{3 \\ \text{1日当たりの} \\ \text{仕事量}}}{3}}_{\text{A＋B}} + \underbrace{\underset{\substack{3 \\ \text{日数}}}{3} \times \underset{\substack{2 \\ \text{1日当たりの} \\ \text{仕事量}}}{2}}_{\text{Aのみ}} = \underset{\text{全仕事量}}{12}$$

と式を立てることができ、これを解いて $x=2$ [日]となります。

[正 解] 2日

年齢算

登場人物の年齢が題材となるのが年齢算です。誰もが1年後には1つ年齢が増えることに気をつけて式を立てます。

例題24

両親と子ども2人の4人家族がいる。今年の両親の年齢の和は子ども2人の年齢の和の3倍より2歳多い。5年後には両親の年齢の和は子ども2人の年齢の和の2.5倍より4歳多くなる。現在の子ども2人の年齢の和として、最も妥当なのはどれか。 東京消防庁Ⅲ類2021

1 28歳

2 31歳

3 34歳

4 37歳

5 38歳

年齢がテーマなのに、具体的な年齢がわかっている人が1人もいないニャ…。

落ちついて、問題文からわかることを式にすれば大丈夫ニャ!

父の年齢を a [歳]、母の年齢を b [歳]、子ども2人の年齢を c [歳]、 d [歳] とおきます。**求めるのは現在の子ども2人の年齢の和なので、$c+d$** です。

年齢算では、年数の経過によって登場人物の年齢に加算や減算が生じるので、ここに気をつけて式を立てるようにします。

STUDY 年齢算

> ある人物の x 年後の年齢は、現在の年齢 $+x$［歳］
>
> ある人物の y 年前の年齢は、現在の年齢 $-y$［歳］

上記を意識しながら、問題文に従って式を立ててみます。

$$a+b = 3(c+d) + 2$$

現在の両親の年齢の和　子ども2人の年齢の　　より2歳多い
　　　　　　　　　　　和の3倍

$$(a+5)+(b+5) = 2.5\{(c+5)+(d+5)\} + 4$$

5年後の両親の年齢の和　　5年後の子ども2人の年齢の和の2.5倍　　より4歳多い

ここで $c+d=X$、$a+b=Y$ とおくと、X が「現在の子ども2人の年齢の和」に当たるので、これを求めればよいことになります。

$a+b=3(c+d)+2$　→　$Y=3X+2$　……①

$(a+5)+(b+5)=2.5\{(c+5)+(d+5)\}+4$　→　$Y+10=2.5(X+10)+4$

$$Y=2.5X+19 \quad ……②$$

①－②を計算すると、$0=0.5X-17$ となり、これを解いて $X=34$ となります。よって、正解は **3** です。

$$\begin{array}{r} Y=3X + 2 \\ -)\ Y=2.5X+19 \\ \hline 0=0.5X-17 \end{array}$$

正解 3

　果汁20%のグレープジュースに水を加えて果汁12%のグレープジュースにした後、果汁4%のグレープジュースを500g加えて果汁8%のグレープジュースになったとき、水を加える前のグレープジュースの重さとして、正しいのはどれか。

東京都Ⅰ類2022

1　200g

2　225g

3　250g

4　275g

5　300g

HINT　**濃度算の基本**

混ぜる前　　　　　　　　　　　　　　　　混ぜた後

濃度［%］×食塩水の量＋濃度［%］×食塩水の量＝濃度［%］×食塩水の量

　この問題ではグレープ果汁の割合が題材になっていますが、食塩の濃度と同様に考えます。

　　果汁20%のグレープジュースに水を加えて果汁12%のグレープジュースにするという工程❶と、果汁12%のグレープジュースに果汁4%のグレープジュース500gを加えて果汁8%のグレープジュースにするという工程❷の**2つに分けて考えます**。また、水は果汁0%のグレープジュースとみなします。

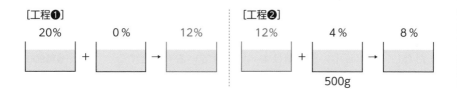

　　500gという具体的な数値がわかっている工程❷から考えます。

　　工程❷では12%と4%を混ぜた結果8%のグレープジュースになっていますが、この8%は**12%と4%のちょうど中間の濃度**です。**同じ重さの液体を混ぜると中間の濃度になる**ことより、12%のグレープジュースも500gだったことがわかります。

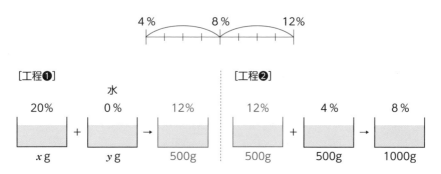

　　12%のジュースの重さが500gとわかったので、20%のジュースと水の重さをそれぞれ x [g] と y [g] として、工程❶について式を立てると、20%×x+0%×y=12%×500となります。

　　これを解くと x=300[g] となるので、正解は **5** です。

　　なお、12%のグレープジュースを a [g] として、12%×a+4%×500＝8%×(a+500) と式を立てて、a=500[g] と求めてもよいでしょう。

　ある容器に濃度20.0％のショ糖の水溶液が500g入っている。この水溶液の$\dfrac{3}{5}$を赤いコップに移し、残りをすべて青いコップに入れた。赤いコップに、ショ糖を20g追加し、十分にかき混ぜて均一になったところで、赤いコップの水溶液の半分を青いコップに移した。最後に、青いコップへ水を40g追加した。このとき、青いコップに入っている水溶液の濃度はいくらか。

　ただし、水溶液中のショ糖はすべて溶けているものとする。　国家一般職2009

1　18.0％

2　18.5％

3　19.0％

4　19.5％

5　20.0％

　20％のショ糖水溶液500gのうち、赤いコップに $500 \times \dfrac{3}{5} = 300 [\mathrm{g}]$ を移したので、**残りの200gは青いコップに移した**ことになります。

　容器からコップに移しても濃度は変わらないので、赤いコップと青いコップのショ糖水溶液の濃度は20％です。

　赤いコップに入ったショ糖水溶液300gにショ糖20gを加えると、濃度が $x[\%]$ になるとします。加えた後のショ糖水溶液の量は $300 + 20 = 320 [\mathrm{g}]$ になります。

　ショ糖20gを加えることを**濃度100％のショ糖水溶液を20g加える**ものとみなして計算すると、$20\% \times 300 + 100\% \times 20 = x\% \times 320$ となり、これを解くと、$x = 25 [\%]$ となります。

　次に、青いコップに入った20％のショ糖水溶液200gに、先ほどの25％のショ糖水溶液320gの半分の160gを混ぜます。さらに水を40g混ぜると、濃度が $y[\%]$ になるとします。混ぜた後のショ糖水溶液は $200 + 160 + 40 = 400 [\mathrm{g}]$ になります。

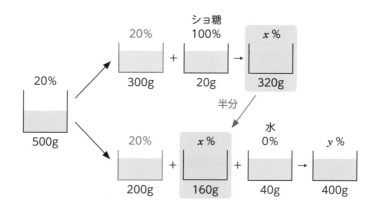

　水を**濃度0％のショ糖水溶液**とみなして計算すると、$20\% \times 200 + 25\% \times 160 + 0\% \times 40 = y\% \times 400$ となり、これを解くと、$y = 20 [\%]$ となります。

　よって、正解は **5** です。

同じ重さの容器A、Bがある。この容器Aの中には7.5％の食塩水が何gか入っており、容器を含む全体の重さは550gである。容器Bの中には5％の食塩水が450g入っている。まず、容器Aの中に入っている食塩水をそのまま熱して蒸発させ、全体の重さが200g軽くなったところで熱するのをやめた。ここで容器Aの中から食塩水を50g取り、容器Bの食塩水に混ぜたところ、濃度が6％になった。この容器の重さはいくつか。

東京消防庁Ⅰ類2006

1   75g
2   100g
3   120g
4   150g
5   200g

HINT 水を加える・水を蒸発させる

水は濃度0％の食塩水とみなし、加えるときは水の量を足し、蒸発させるときには水の量を引いて計算します。

❶ **水を加えた場合**

濃度[％]×食塩水の量＋0％×加えた水の量

＝混ぜた後の濃度[％]×食塩水の量

❷ **水を蒸発させた場合**

濃度[％]×食塩水の量－0％×蒸発させた水の量

＝蒸発した後の濃度[％]×食塩水の量

容器Aに入った7.5％の食塩水を200g蒸発させるという工程❶と、蒸発させた後の食塩水50gと容器Bに入った5％の食塩水450gを混ぜて6％の濃度にするという工程❷の**2つに分けて考えます**。容器Aに入っていた食塩水の重さを x [g]、容器Aに入っていた食塩水を蒸発させた後の濃度を a [％]として式を立てます。

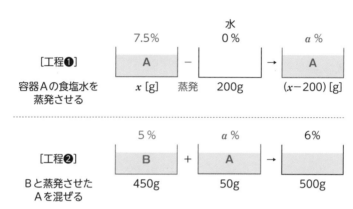

具体的な数値が多い工程❷から考えます。5％の食塩水450gと a [％]の食塩水50gを混ぜると、6％の食塩水500g（＝450＋50）となったので、式を立てると、5％×450＋a％×50＝6％×500となります。

これを解くと、$a=15$[％]となります。

次に、工程❶について考えます。7.5％の食塩水から200gの水を蒸発させると15％の食塩水となります。また、蒸発した後の食塩水の重さは $(x-200)$[g]となります。

水が200g蒸発しているので、濃度0％の食塩水が200g減ったと考えます。

これより式を立てると、$7.5\% \times x - 0\% \times 200 = 15\% \times (x-200)$ となり、これを解いて、$x=400$[g]となります。当初、容器Aに入っていた食塩水と容器の重さの合計が550gで、食塩水の重さが400gなので、容器の重さは550－400＝150[g]となります。よって、正解は **4** です。

第 1 編

第 3 章 方程式の基本

あるクラスで数学のテストを実施したところ、クラス全員の平均点はちょうど63点で、最も得点の高かったAを除いた平均点は62.2点、最も得点の低かったBを除いた平均点は63.9点、AとBの得点差はちょうど68点であった。このクラスの人数として正しいのはどれか。

国家一般職2008

1 29人

2 32人

3 35人

4 38人

5 41人

HINT 平均算の基本

平均とは合計を個数（人数）で割った値なので、$(平均) = \dfrac{(合計)}{(個数)}$ と表せます。これを変形して、

$$(平均) \times (個数) = (合計)$$

という式を使います。

　　クラス全員からAもしくはBを除いた人数を x[人]とすると、**クラス全員の人数は $(x+1)$[人]**となります。

　　また、AとBの得点をそれぞれ a[点]、b[点]とします。

　　クラス全体の合計点は、「(Aの得点)+(A以外の合計得点)」もしくは「(Bの得点)+(B以外の合計得点)」と等しいので、**(平均)×(個数)=(合計)**に沿って式を立てると以下のようになります。

$$\text{クラスの合計点} = a + \underbrace{62.2 \times x}_{\text{A以外の合計点}} = b + \underbrace{63.9 \times x}_{\text{B以外の合計点}}$$

　　$a+62.2x=b+63.9x$ を整理すると、$a-b=1.7x$ となります。また、AとBの得点差が68点なので、$a-b=68$ となるため、$68=1.7x$ より、$x=40$[人]となります。

　　よって、クラス全員の人数は、$40+1=41$[人]となるので、正解は **5** です。

　ある作業を3時間で終えるのに、機械Aだけを動かすと5台、機械Bだけを動かすと10台必要になる。機械Aを8台と機械Bの何台かを同時に動かして同じ作業を1時間で終えたいとき、機械Bの台数として、最も妥当なのはどれか。

東京消防庁Ⅰ類2010

1　10台

2　12台

3　14台

4　16台

5　18台

HINT　性能が等しい機械等の仕事量

　性能が等しい機械等を複数動かしてする仕事を考えるときは、仕事算の式を一部変形して考えます。

（日数）×（台数）×（1台の1日当たりの仕事量）＝（全仕事量）
1日当たりの仕事量

（時間数）×（台数）×（1台の1時間当たりの仕事量）＝（全仕事量）
1時間当たりの仕事量

機械A、機械B1台が1時間にする仕事量をそれぞれa、bとし、問題文の情報を表に整理していきます（**表1**）。

表1	時間数	×	台数	×	1台の1時間 当たりの仕事量	=	全仕事量
機械Aのみ	3	×	5	×	a	=	
機械Bのみ	3	×	10	×	b	=	

機械Aだけを動かした場合の全仕事量は$3 \times 5 \times a = 15a$、機械Bだけを動かした場合の全仕事量は$3 \times 10 \times b = 30b$となります。

ここで、全仕事量を15と30の最小公倍数である30に設定すると、$15a = 30$より$a = 2$、$30b = 30$より$b = 1$となります（**表2**）。

表2	時間数	×	台数	×	1台の1時間 当たりの仕事量	=	全仕事量
機械Aのみ	3	×	5	×	2	=	30
機械Bのみ	3	×	10	×	1	=	30

次に、1時間で同じ全仕事量30を終えるために同時に動かす場面を考えます。ここで機械Bを動かす台数をx［台］とおきます。

機械Aを8台、機械Bをx［台］動かして1時間で全仕事量30を終えるので、$1 \times (8 \times a + x \times b) = 30$という式を立てることができます（**表3**）。

表3	時間数	×	台数	×	1台の1時間 当たりの仕事量	=	全仕事量
機械A + 機械B	1	×	8 + x	×	a b	=	30

$1 \times (8 \times a + x \times b) = 30$の式に$a = 2$、$b = 1$を代入すると$x = 14$［台］となるので、正解は**3**です。

　A、Bの2人では25分、B、Cの2人では30分で仕上がる仕事がある。この仕事をA、B、Cの3人で10分作業をした後、Bだけが22分作業をして仕上がった。この仕事をBが1人で仕上げるのに要する時間はどれか。

特別区Ⅰ類2018

1　44分

2　45分

3　46分

4　47分

5　48分

　A、B、Cの1分当たりの仕事量をそれぞれa、b、c、Bが1人で仕事を仕上げるのに要する時間をx[分]とおきます。また、**全仕事量を25と30の最小公倍数である150に設定し**、問題文からわかることを表に整理していきます。

	分数	×	1分当たりの 仕事量	=	全仕事量
AとB	25	×	$(a+b)$	=	150
BとC	30	×	$(b+c)$	=	150
B	x	×	b	=	150

　$25 \times (a+b) = 150$ より $a+b=6$、$30 \times (b+c) = 150$ より $b+c=5$ となります。

　すると、A、B、Cの3人が1分当たりの仕事量 $a+b+c$ で10分仕事をした後、Bが1人で1分当たりの仕事量 b で22分仕事をして全仕事量150を終えたことになります。

　このことから、

　　$10 \times (a+b+c) + 22 \times b = 150$

という式を立てられます。この式に $a+b=6$ より $a=6-b$、$b+c=5$ より $c=5-b$ をそれぞれ代入すると、

　　$10 \times \{(6-b) + b + (5-b)\} + 22 \times b = 150$

となり、整理すると $b=\dfrac{10}{3}$ となります。

　ここで、$x \times b = 150$ の式に $b=\dfrac{10}{3}$ を代入すると $x \times \dfrac{10}{3} = 150$ となり、この式の両辺に $\dfrac{3}{10}$ をかけて $x=45$[分]となるので、正解は **2** です。

☐☐☐

問題 21

難易度　B

　ある4人家族の父、母、姉、弟の年齢について、今年の元日に調べたところ、次のA～Dのことが分かった。

A　姉は弟より4歳年上であった。
B　父の年齢は姉の年齢の3倍であった。
C　5年前の元日には、母の年齢は弟の年齢の5倍であった。
D　2年後の元日には、父と母の年齢の和は、姉と弟の年齢の和の3倍になる。

　以上から判断して、今年の元日における4人の年齢の合計として、正しいのはどれか。

東京都Ⅰ類2017

1　116歳
2　121歳
3　126歳
4　131歳
5　136歳

HINT　年齢算

　ある人物の x 年後の年齢は、現在の年齢＋x［歳］
　ある人物の y 年前の年齢は、現在の年齢－y［歳］

　条件ＡとＢに姉の年齢が登場しているので、現在の姉の年齢を x［歳］として、**姉の年齢との関係で他の家族の年齢を表してみます。**

　条件Ａより、現在の弟の年齢は $(x-4)$［歳］、条件Ｂより、現在の父の年齢は $3x$［歳］となります。

　母の年齢については条件Ｃに言及がありますが、現在の母の年齢を y［歳］とすると、母と弟の**5年前の年齢はそれぞれ年が5つ減る**ので、母が $(y-5)$［歳］、弟が $\{(x-4)-5\}=(x-9)$［歳］となります。5年前について、母の年齢が弟の年齢の5倍とあるので、$(y-5)=5(x-9)$ と表現でき、整理すると、$y=5x-40$ となります。

　以上より、現在の年齢はそれぞれ、父が $3x$［歳］、母が $(5x-40)$［歳］、姉が x［歳］、弟が $(x-4)$［歳］となります。

　次に条件Ｄを考えます。**2年後には全員年が2つ増えます。** 2年後に、（父と母の年齢の和）が、（姉と弟の年齢の和）の3倍になるので、以下のように式を立てられます。

$$\underset{\text{父}}{3x+2}\ +\ \underset{\text{母}}{(5x-40)+2}\ =\ 3\times\ \{\underset{\text{姉}}{(x+2)}\ +\ \underset{\text{弟}}{(x-4)+2}\}$$

　$3x+2+(5x-40)+2=3\{(x+2)+(x-4)+2\}$ を解くと $x=18$ となります。

　現在の4人の年齢を合計すると、$3x+(5x-40)+x+(x-4)=10x-44$［歳］となります。これに $x=18$ を代入すると、4人の年齢の合計は136歳となります。よって、正解は **5** です。

第**4**章

割合・比と方程式

第1節 割合の基本

割合に関する表現は数的推理全体でよく見られる重要事項です。割合の考え方と基本的な計算方法を身につけましょう。

 例題25

あるパン屋において、ある週の月曜日1日のクロワッサンの売上金額が7,600円であった。翌日の火曜日にこのクロワッサンを1個当たり19円値上げして売ったところ、月曜日よりも売上個数が1割減り、火曜日1日のクロワッサンの売上金額は8,208円となった。

火曜日にこの店が売ったクロワッサン1個当たりの価格として正しいのはどれか。なお、消費税については考えないものとする。　オリジナル

1 112円　　**2** 114円　　**3** 116円　　**4** 118円　　**5** 120円

> 今回は「売上個数が1割減り」のところがポイントになるニャ！

「価格が**2割引き**」や「売上が**3割増し**」など、「…割」という表現で割合を示すことがよくあります。まずはこれについて見ておきましょう。

STUDY 「…割」で割合を表現する

1割＝0.1

全体を10に分けたうちの1つ分

2割＝0.2

全体を10に分けたうちの2つ分

2割引き＝8割＝0.8倍

2割増し＝12割＝1.2倍

10割＝1　　2割＝0.2

「割」の下に「分」という単位がついて、「1割5分」などと表現されることもあるニャ！
「1割5分」は0.15に当たるニャ！

「売れた個数」に「クロワッサンの1個当たりの価格」をかけたものが「売上金額」となります。月曜日と火曜日に分けて、問題文からわかることを下のような表に整理してみましょう。

クロワッサンの1個当たりの価格について、月曜日をx［円］とすると、火曜日は$(x+19)$［円］となります。

また、クロワッサンの売上個数について、月曜日をy［個］とすると、火曜日は**1割減って9割が売れた**ので、$y \times 0.9 = $**$0.9y$［個］**と表すことができます。

	売上個数	1個の価格	売上金額
月曜日	y個	x円	7,600円
火曜日	$0.9y$個	$(x+19)$円	8,208円

「1割減り」を$0.9y$と表すことで、きれいに表にまとまったニャ！

月曜日の売上金額について方程式を立てると、$xy = 7600$となり、火曜日の売上金額について方程式を立てると、$0.9y \times (x+19) = 8208$となります。

2つ目の式を整理すると$0.9xy + 0.9y \times 19 = 8208$となり、これに$xy = 7600$を代入すると、$0.9 \times 7600 + 0.9y \times 19 = 8208$より、$17.1y = 1368$となります。

これを解いて、$y = 80$となります。$xy = 7600$にこれを代入して、$x \times 80 = 7600$より、$x = 95$となります。

月曜日の1個当たりの価格が95円なので、火曜日の1個当たりの価格は、$95 + 19 = 114$［円］となり、正解は**2**です。

正解 2

例題26

　ある試験の受験者のうち、60％は男性であった。また、その試験の合格者数は580人で、男性と女性の合格者数は同数であった。女性の受験者のうち、29％が合格していたとすると、この試験の受験者の総数は何人か。

刑務官 2000

| **1** | 2,300人 | **2** | 2,500人 | **3** | 2,700人 |
| **4** | 2,900人 | **5** | 3,100人 |

今度は「％」で割合が表されてるニャ！

「％」も割合を表すときの定番だから扱い方をしっかり覚えるニャ！

　「クラスの60％が女子生徒」や「売上が20％増加」など、「…％」という表現で割合を示すことがよくあります。まずはこれについて見ておきましょう。

STUDY　「…％」で割合を表現する

$$1\% = 0.01 \quad 10\% = 0.1 \quad 100\% = 1$$

x の60％　$\Rightarrow$　$x \times 0.6 = 0.6x$　　　x の 3 ％　$\Rightarrow$　$x \times 0.03 = 0.03x$

x から20％増加　$\Rightarrow$　$x + x \times 0.2 = x \times (1 + 0.2) = 1.2x$

x から30％減少　$\Rightarrow$　$x - x \times 0.3 = x \times (1 - 0.3) = 0.7x$

「20％増加」なら1.2倍、「30％減少」なら0.7倍すればいいニャ！

試験の受験者全体は、性別によって男性と女性に分けることができます。また、合否によって合格者と不合格者に分けることができます。問題文から読み取れる情報を整理するために右のような表を用意します。

	男性	女性	合計
合格者			
不合格者			
受験者合計			

　「**合格者数は580人で、男性と女性の合格者数は同数であった**」とあるので、男女の合格者数はそれぞれ290人ずつであるとわかります。また、「女性の受験者のうち、**29%が合格していた**」とあるので、女性の受験者合計をx[人]とすると、$x \times 0.29 = 290$という方程式を立てることができ、これを解くと$x = 1000$[人]となります（**表1**）。

表1	男性	女性	合計
合格者	290	290	580
不合格者		710	
受験者合計		1,000	

　また、「受験者のうち、60%は男性であった」とあることから、**残りの40%が女性**だったとわかります。受験者の男女合計をy[人]とすると、$y \times 0.4 = 1000$という方程式を立てることができ、これを解くと$y = 2500$[人]となるので、正解は**2**です。

　ちなみに、解答には不要ですが表をすべて埋めると次のようになります（**表2**）。

表2	男性	女性	合計
合格者	290	290	580
不合格者	1,210	710	1,920
受験者合計	1,500	1,000	2,500

正　解　2

第2節 利益算

商品を販売することで生じる利益や損失を計算する問題です。まずは用語の意味から理解しましょう。

例題27

　　ある商品の原価に対し、2割の利益を見込んで定価を設定した。ところが売れなかったので定価の1割引きで売ったところ80円の利益が出た。このとき、定価はいくらか。

オリジナル

原価とか利益とか、言葉が難しいニャ…。

「お店の人」の視点に立ったつもりで、基本事項を整理するニャ！

　　利益算では、商品を仕入れるときの金額である原価、商品を売るときの金額である売価、結果として儲けた金額である利益の3項目を使って式を立てるのが基本です。

原価
100円で仕入れる　→　魚屋　→　売価
250円で売る

利益＝250－100＝150円

じゃあ、例題に出てくる「定価」って何のことニャ？

　　定価とはお店が商品に設定した金額であり、定価がそのまま売価になることもあります。ただ、この例題では当初定価で売ろうとしたものの、その金額で売れなかったため「定価の1割引き」の金額を新たに設定して売っています。
　　ある商品を当初定価で売り、その後定価の1割引きで売り、さらに定価の半

額で売る、というように、**1つの問題に複数の売価が設定される**ことがあります。

STUDY　利益算の基本

> 個数：商品の個数
> 原価：商品を仕入れるのにかかる金額、仕入れ値
> 売価：商品を販売するときの価格
> 利益：売価から原価を差し引いた金額
>
> 　個数×原価
> 　＝仕入れ総額
>
> 　　原価＋利益＝売価　｜　仕入れ総額＋利益の総額＝売上総額
> 　　利益＝売価－原価　｜　利益の総額＝売上総額－仕入れ総額

例題では個数が示されていないため、1個の商品と考えておきます。

「原価」も「定価」も「定価の1割引き」もわからないニャ…。

まずは原価を x [円]とおいてみるニャ！

　原価を x [円]とおくと、「**2割の利益を見込んで**」とあることから、定価は**原価の2割増し**となるため、$x \times 1.2 = 1.2x$ [円]になります。すると、「定価の1割引き」である売価は、$1.2x \times 0.9 = 1.08x$ [円]になります。

　このように、原価を x とし、売価を x を使って表しておきましょう。

　原価＋利益＝売価の式に当てはめると、$x + 80 = 1.08x$ となります。両辺を100倍して整理すると、$8x = 8000$ となり、これを解くと、原価は $x = 1000$ [円]となります。

　問われているのは定価なので、$1.2x = 1.2 \times 1000 = 1200$ [円]となります。

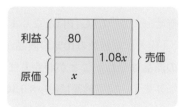

正解　1,200円

A商店は、ある商品をいくつか仕入れ、定価の20％引きで売った。その結果、仕入れた個数の10％の商品が売れ残り、利益は仕入れ総額の8％になった。この商品の定価は仕入れ値の何％を上乗せした価格であったか。

警視庁Ⅰ類 2013

1 20%   **2** 30%   **3** 40%   **4** 50%   **5** 60%

これも利益算の問題だけど、価格が1つもわからないニャ…。

文字をおいて解く方法と、楽に解ける方法の2つを紹介するニャ！

「仕入れ値」とあるのが原価に当たるので、これをx［円］、仕入れた個数をy［個］とすると、仕入れ総額は、x［円］の商品をy［個］仕入れたので、xy［円］となります。また、利益の総額は、仕入れ総額の8％なので、$xy \times 0.08 = 0.08xy$［円］となります。

求めるのは「**定価は仕入れ値の何％を上乗せした価格であったか**」なので、定価について原価x［円］をk［倍］したものと設定し、kx［円］としておきます。「定価の20％引きで売った」とあるため、売価は$kx \times 0.8 = 0.8kx$［円］となります。

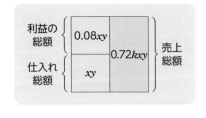

「仕入れた個数の10％の商品が売れ残り」とあるため、**仕入れた個数の90％の商品は売れた**ことがわかります。よって、売れた個数は$y \times 0.9 = 0.9y$［個］となります。売上総額は$0.9y \times 0.8kx = 0.72kxy$［円］となります。

仕入れ総額＋利益の総額＝売上総額の式に当てはめると、$xy + 0.08xy = 0.72kxy$となります。$xy \neq 0$であることを確認して両辺をxyで割ると$1.08 = 0.72k$となり、これを解くと$k = 1.5$となります。**原価を1.5倍したものが定価なので、**

仕入れ値に50％を上乗せした価格だとわかり、正解は **4** です。

解けたけど、文字が３つも出てきて大変ニャ…。

じゃあもう１つ、ちょっと楽な方法を見てみるニャ！

　先ほどの計算では、原価の x も、仕入れた個数の y も計算の途中で消えてしまいました。このように、**問題文に具体的な金額も個数も書かれていない場合**、仮に原価を100円、仕入れた個数を100個など、計算しやすい値に設定しても同じ答えが求められます。

　仮に商品の**原価を100円、商品を100個仕入れた**として検証してみましょう。

　仕入れ総額は $100 \times 100 = 10000$［円］、利益は仕入れ総額の８％なので、$10000 \times 0.08 = 800$［円］となります。

　定価を z［円］とすると、売価は定価の20％引きなので $0.8z$［円］となります。また、100個中10％が売れ残ったので、100個中90％の $100 \times 0.9 = 90$［個］が売れたことになります。よって、売上総数は $0.8z \times 90$［個］となります。

　これを仕入れ総額＋利益の総額＝売上総額の式に当てはめると、$10000 + 800 = 0.8z \times 90$ となり、これを解いて $z = 150$［円］となります。

　原価が100円で定価が150円なので、原価100円の50％である50円を上乗せした金額が定価となります。

さっきの計算と一致したニャ！

このように、金額や個数を具体的に設定して解ける問題もあるニャ！

正　解　4

比の基本

比は数的推理全般に関わる大事な概念です。比の基本的な扱い方に慣れておきましょう。

例題29

　ある時刻におけるレストランの客について、予約席と予約を必要としない席の人数の比を調べたところ、男性では1：3、女性では2：3であり、男女全体では1：2であった。また、予約席の女性は予約席の男性より15人多かった。この店の予約席と予約を必要としない席の客の総計は何人か。

海上保安学校学生 2002

1 128人

2 132人

3 135人

4 140人

5 142人

まず、この例題にも出てくる「比」について、基本的なところから見ていくニャ！

　比は**数値どうしの関係性を表したもの**で「$x:y$」などと表され、「x対y」と読みます。例えば試験の得点について、Aの得点がBの得点の3倍であれば、（Aの得点）：（Bの得点）＝3：1と表すことができ、Aの得点がBの得点の3倍であること、Bの得点がAの得点の3分の1であることが比によってわかります。

比とは数値どうしの関係性を表したものです。関係性が同じであれば、下のように等号（＝）で結ぶことができます。

$$1 : 2 = 5 : 10$$

2倍　　2倍

上記からもわかるとおり、左右の項に同じ数をかけたり、左右の項を同じ数で割ったりしても、**比の関係性は変わりません**。一方、左右の項に同じ数を足したり、左右の項から同じ数を引いたりすると関係性が崩れます。

2倍　　　　　　　　　　+ 1

$$1 : 2 = 5 : 10 \qquad 1 : 2 \neq 2 : 3$$

2倍　　　　　　　　　　+ 1

比に注意しながら、例題の情報を整理してみるニャ！

「予約席」と「予約を必要としない席」があり、男性と女性がいるので、次のように表にまとめてみます（**表1**）。

表1	予約席		予約を必要としない席	合計
男性	1	:	3	
女性	2	:	3	
合計	1	:	2	

おかしいニャ！　予約席は男性が1で女性が2なのに、合計が1で計算が合わないニャ！

それは、男性の比と女性の比と合計の比が、それぞれ別の比だからニャ！

表1には3つの比が書き込まれていますが、それぞれの比は別の関係性を表

しているため、このまま縦に足し算することなどはできません。このため、**方程式に取り込んで使うためには文字を使います**。

例えば、男性の比1：3は左右の数値の関係性のみを表しており、実際の客数はわかりません。これを x、$3x$ と文字をおいて表しておきます。同様に、女性の比2：3も $2y$、$3y$ と文字をおいて表します（**表2**）。

表2	予約席	予約を必要としない席	合計
男性	x	$3x$	$4x$
女性	$2y$	$3y$	$5y$
合計	$x+2y$	$3x+3y$	$4x+5y$

別の比を表すには別の文字を使うのがポイントニャ！

文字を使って表すことによって、関係性のみを表した比ではなく**実際の数として扱える**ようになったので、式に取り込んで使えるようになります。まず、「**予約席の女性は予約席の男性より15人多かった**」ので、$2y=x+15$ という方程式を立てられます。また、表を縦に見て、**予約席の男女計と予約を必要としない席の男女計が1：2の関係にある**ことを式に表すと、$x+2y：3x+3y=1：2$ となります。

2つ目の式をどのように扱ったらいいかわからないニャ…。

ここで、もう1つ大事なポイントがあるニャ！

STUDY 外項の積と内項の積

> 比の関係性が同じであるとき、「＝」の外側どうしをかけた値（外項の積）と内側どうしをかけた値（内項の積）は等しくなります。
>
> $$1:2=5:10 \quad \rightarrow \quad 1 \times 10 = 2 \times 5$$

これを使って比の式を変換してみましょう。

$$(x+2y):(3x+3y)=1:2$$

$$(x+2y) \times 2 = (3x+3y) \times 1$$

これを整理すると、$x=y$ となります。これを $2y=x+15$ に代入すると、$y=15$、$x=15$ となります。

求めるのは客の総計、つまり $4x+5y$ なので、$4 \times 15 + 5 \times 15 = 135$［人］となり、正解は **3** です。

正解 **3**

昨日、7対5の比で赤バラと白バラの花が庭に咲いていた。今日、赤バラが10個、白バラが5個咲いたので、咲いている花の比は3対2になった。今日咲いている赤バラと白バラの個数の合計として、正しいのはどれか。

警視庁Ⅰ類 2014

1　57

2　66

3　75

4　84

5　93

これも比を使った問題ニャ！

さっきの問題と同じように表にまとめてみるニャ！

　赤バラと白バラの数について、昨日咲いていた数、今日咲いている数の比を表にまとめます（**表1**）。

表1	赤バラ		白バラ	合計
昨日	7	:	5	
今日	3	:	2	

　今日新たに咲いた赤バラ10個と白バラ5個を合わせて考えるために、昨日咲いていたバラの数の比に文字をつけます（**表2**）。

表2	赤バラ	白バラ	合計
昨日	$7x$	$5x$	$12x$
追加	10	5	15
今日	$7x+10$	$5x+5$	$12x+15$

すると、赤バラについて昨日咲いていた数と追加で咲いた数を合計した$7x+10$と、白バラについて昨日咲いていた数と追加で咲いた数を合計した$5x+5$が$3:2$の関係にあることがわかるので、**外項の積と内項の積が等しくなる**ことを利用して式を立てると、

$$7x+10:5x+5=3:2$$

$$(7x+10)\times2=(5x+5)\times3$$

　これを解くと$x=5$となります。求めるのは「**今日咲いている赤バラと白バラの個数の合計**」なので、表の$12x+15$を求めればいいことがわかります。$x=5$を代入すると$12\times5+15=75$[本]となるので、正解は**3**です。

　この問題、実は計算しなくても正解する方法があるニャ！

　今日咲いている花の比について、赤バラを$3y$、白バラを$2y$とおくと、合計は$5y$となります。$5y$は5の倍数ですが、**選択肢の中に5の倍数は1つしかない**ため、上記のような計算をしなくても正解がわかります。

	赤バラ	白バラ	合計
今日	$3y$	$2y$	$5y$

　このように、比の数値から「何の倍数か」がわかるので、うまく活用してほしいニャ！

$\boxed{\text{正　解}}$ **3**

例題31

　　A～Cの3人が1年間に読んだ本の冊数は3人合わせて100冊であり、各人が読んだ冊数の比は、AとBが3：2、BとCが3：5であった。読んだ冊数が最も多い人と最も少ない人の冊数の差は何冊か。

1　8冊

2　10冊

3　12冊

4　14冊

5　16冊

この例題では、**2つの比を1つにまとめる**のがポイントニャ！

　　AとBが読んだ本の冊数の比は3：2、BとCが読んだ本の冊数の比は3：5です。2つの比は別の関係性を表していますが、**どちらにもBの冊数を表した値が含まれています。**これを使って**2つの比を1つにまとめる**ことができます。

STUDY　連比

　　すでに見たように、比の各項の値に同じ数をかけても数値の関係性は変わりません。このことを利用して、共通の項目を含む複数の比を1つにまとめることができます。

　　このような、**3つ以上の数値の比を連比**といいます。

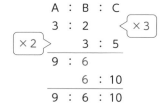

比を１つにまとめるのはどうしてニャ？

そのほうが扱いやすく、式を立てやすくなるからニャ！

　比が１つにまとまっていれば、１つの基準で扱うことができるメリットがあります。A〜Cの３人が読んだ冊数をそれぞれ$9x$[冊]、$6x$[冊]、$10x$[冊]とおくと、**合計として与えられている100冊と合わせて式を立てられます。**

　$9x+6x+10x=100$を解くと、$x=4$となり、$9x$、$6x$、$10x$に$x=4$を代入すると、Aが36冊、Bが24冊、Cが40冊となります。最多の40冊と最少の24冊の差は16冊なので、正解は **5** です。

正解 5

例題32

　赤色と白色のビー玉と赤色と白色のおはじきが入った袋がある。数は合わせて300個未満であり、内訳は赤色：白色＝5：9、ビー玉：おはじき＝9：4であることがわかっている。このとき、赤色のビー玉と白いおはじきの数の差として、最も妥当なのはどれか。　　警視庁Ⅰ類 2022

1　8個　　**2**　9個　　**3**　10個　　**4**　11個　　**5**　12個

これも、ちょっと工夫して解くといい例題ニャ！

　袋の中に入っているものについて、色別と種類別に2つの比が与えられています。合計も含めて連比にすると、

　　赤色：白色：合計＝5：9：14

　　ビー玉：おはじき：合計＝9：4：13

　このとき、14と13はどちらも同じく「袋の中の合計」を表しているのに、それぞれの比で違う値となっています（**表1**）。この値をそろえることで、全体を1つにまとめることができます。

　13と14の最小公倍数182にそろえるために、**色の比を13倍、種類の比を14倍**すると、

表1	赤色	白色	合計
ビー玉			9
おはじき			：4：
合計	5 ： 9 ：		13 / 14

　　赤色：白色：合計：65：117：182

　　ビー玉：おはじき：合計＝126：56：182

となり、「袋の中の合計」を同じ値でそろえることができました。

「袋の中の合計」は182個ということニャ？

182個と決まったわけではなく、「182の倍数」個ということになるニャ！

比をそろえたことにより、「袋の中の合計」の個数が182の倍数とわかり、182個、364個、546個…などが考えられますが、問題文にある「**合わせて300個未満**」という条件より、182個に決定します。

表2	赤色	白色	合計
ビー玉	a	b	126
おはじき	c	d	56
合計	65	117	182

判明した実際の数で表を作り、不明な個数の欄には文字をおくと、右のようになります（**表2**）。

あとは、赤色のビー玉と白色のおはじきの差を求めるニャ！

求める値は「赤色のビー玉と白いおはじきの数の差」であり、**表2**に照らすと **a と d の差**なので、a を含む式と d を含む式を立てます。このとき、2式に共通の文字（今回は c）を含むようにします（**表3**）。

表3	赤色	白色	合計
ビー玉	a	b	126
おはじき	c	d	56
合計	65	117	182

$$\begin{cases} a+c=65 \\ c+d=56 \end{cases}$$

このとき、2つの式に共通する c は式の引き算で消去できるので、「$a-d$」を求められます。

$a-d=9$なので、正解は **2** です。

$$\begin{array}{r} a+c=65 \\ -)c+d=56 \\ \hline a-d=9 \end{array}$$

正解 2

比の活用

問題文に比が登場しないものでも、比を活用するとうまく解ける問題があります。比の使いどころを意識しましょう。

 例題33

太郎、次郎、三郎の3人は、お父さんから合わせて1万円のお小遣いをもらって遊園地に行った。3人がそれぞれ同じ金額の入園料を払うと、太郎、次郎、三郎の残金はそれぞれがもらったお小遣いの $\frac{2}{3}$、$\frac{1}{2}$、$\frac{2}{5}$ になった。その後、昼食に3人は同じものを食べたところ、次郎の残金は750円になった。このとき、昼食を食べた後の三郎の残金として、最も妥当なのはどれか。

警視庁Ⅰ類 2018

1 150円 **2** 250円 **3** 350円 **4** 450円 **5** 550円

この例題は、分数をうまく解釈して比を作ると解きやすいニャ！

比が出てこない問題なのに比を使えるニャ？

入園料を払った後の3人の残金がそれぞれ分数で与えられていますね。これをうまく使うと、3人がもらったお小遣いについて、**入園料と残金の関係を表すことができます**。

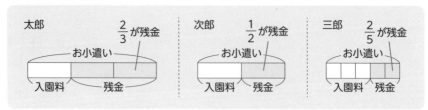

　分数を図のように捉えると、お小遣い：入園料：残金の比はそれぞれ、太郎が3：1：2、次郎が2：1：1、三郎は5：3：2となります（**表1**）。

　3人の入園料は同じ金額ですが、比の数値がそろっていないので、**太郎と次郎の比を3倍し、入園料の数値をそろえます**（**表2**）。

表1	お小遣い		入園料		残金
太郎	3	:	1	:	2
次郎	2	:	1	:	1
三郎	5	:	3	:	2

入園料が等しい

表2	お小遣い		入園料		残金
太郎	9	:	3	:	6
次郎	6	:	3	:	3
三郎	5	:	3	:	2

入園料がそろった

　これで、表中の**9つの数値は1つのまとまった比として扱えます**。

　表中のすべての数に x をつけると、**具体的な金額である3人のお小遣いの合計10,000円を含めた式を立てることができます**。

　お小遣いの合計は $9x+6x+5x=20x$ となり、この $20x$ が具体的な金額として与えられている1万円となります（**表3**）。$20x=10000$ を解いて、$x=500$ となります。

　これにより、太郎の残金が3,000円、次郎の残金が1,500円、三郎の残金が1,000円とわかります（**表4**）。

表3	お小遣い	入園料	残金
太郎	$9x$	$3x$	$6x$
次郎	$6x$	$3x$	$3x$
三郎	$5x$	$3x$	$2x$
合計	$20x$	$9x$	$11x$

10,000円

表4	お小遣い	入園料	残金
太郎	4,500円	1,500円	3,000円
次郎	3,000円	1,500円	1,500円
三郎	2,500円	1,500円	1,000円
合計	10,000円	4,500円	5,500円

　この残金から3人同額の昼食代が支払われますが、次郎の残金1,500円から昼食代を引いた残りが750円なので、昼食代は $1500-750=750$［円］となります。よって、三郎の残金1,000円から昼食代750円を引いた残りは250円となるので、正解は**2**です。

正解　2

A社、B社及びC社の３つの会社がある。この３社の売上高の合計は、10年前は5,850百万円であった。この10年間に、売上高は、A社が９％、B社が18％、C社が12％それぞれ増加し、増加した金額は各社とも同じであったとすると、現在のC社の売上高はどれか。　　特別区Ⅰ類2019

1　1,534百万円

2　1,950百万円

3　2,184百万円

4　2,600百万円

5　2,834百万円

この問題も同じく、比をうまく使うニャ！「増加した金額は各社とも同じ」という条件がポイントニャ！

今度は「％」で表示された条件を比にするってことニャ？

「％」で増加分が示されているA〜C社の売上を比で表すために、10年前の売上高をそれぞれ100とします。すると、A〜C社の増加分はそれぞれ10年前の売上高の９％、18％、12％なので、それぞれ９、18、12となります。

10年前の売上高と10年間での増加分を簡単な比にすると、A社が100：９、B社が100：18＝50：９、C社が100：12＝25：３になります（表1）。

３社の増加分は等しいので、C社の比を３倍して、３社の増加分をそろえます（表2）。

表1	10年前		増加分
A社	100	:	9
B社	50	:	9
C社	25	:	3

×3

表2	10年前		増加分
A社	100	:	9
B社	50	:	9
C社	75	:	9

3社の比が1つにまとまったので、表中の値にxをつけ、現在の売上高と3社の合計も計算しておきます（**表3**）。

表3	10年前	増加分	現在
A社	$100x$	$9x$	$109x$
B社	$50x$	$9x$	$59x$
C社	$75x$	$9x$	$84x$
合計	$225x$	$27x$	$252x$

5,850[百万円]

10年前の3社の売上高の合計が5,850百万円なので、$100x+50x+75x=5850$より$x=26$となります。これを現在のC社の売上高である$84x$に代入すると、$84×26=2184$[百万円]となります。よって、正解は **3** です。

正 解　**3**

　ある店では、2種類のノートA、Bを売っている。Aは1冊100円、Bは1冊150円である。先月はBの売上額がAの売上額より22,000円多かった。また今月の売上冊数は先月に比べて、Aは3割減ったがBは4割増えたので、AとBの売上冊数の合計は2割増えた。

　このとき、今月のAの売上冊数として正しいのはどれか。なお、消費税については考えないものとする。

裁判所 2020

1　50冊

2　56冊

3　64冊

4　72冊

5　80冊

HINT　「…割増える」・「…割減る」

　例えば「今月の売上は先月に比べて1割増えた」という条件があれば、今月の売上について、（先月の売上）×1.1と表すことができます。

　同様に、「今月の売上は先月に比べて2割減った」という条件があれば、今月の売上について、（先月の売上）×0.8と表すことができます。

　　ノートＡの売上冊数は先月から３割減ったので今月は**先月の0.7倍**、ノート
Ｂの売上冊数は先月から４割増えたので今月は**先月の1.4倍**になります。

　　先月のＡの売上冊数を a［冊］、Ｂの売上冊数を b［冊］とすると、今月の売上
冊数はそれぞれ $0.7a$［冊］、$1.4b$［冊］となります。

　　先月のＡとＢの売上冊数の合計が $(a+b)$［冊］で、今月の売上冊数の合計は
先月の２割増しなので、$1.2(a+b)$［冊］となります。

	ノートＡ	ノートＢ	合計
先月	a 冊	b 冊	$(a+b)$ 冊
今月	$0.7a$ 冊	$1.4b$ 冊	$1.2(a+b)$ 冊

　　先月は、１冊100円のノートＡを a［冊］、１冊150円のノートＢを b［冊］売っ
たところ、Ｂの売上額がＡの売上額より**22,000円多かった**ので、$150 \times b - 100 \times$
$a = 22000$ という方程式を立てることができ、これを整理すると $2a - 3b = -440$ と
なります。

　　また、今月の売上冊数について、ＡとＢの合計を使って方程式を立てると、
$0.7a + 1.4b = 1.2(a+b)$ となり、これを整理すると $5a - 2b = 0$ となります。

　　求める値は今月のＡの売上冊数である $0.7a$ なので、b を消去するために、$5a$
$- 2b = 0$ を３倍したものから $2a - 3b = -440$ を２倍したものを引きます。すると
$a = 80$ と求めることができ、今月のＡの売上冊数は $0.7a = 0.7 \times 80 = 56$［冊］とな
るので、正解は**2**です。

　ある企業はAとBの2部門から構成されており、企業全体の売上げは、2部門の売上げの合計である。A部門の商品aは、企業全体の売上げの40%を占め、A部門の売上げの60%を占めている。また、B部門の商品bは、企業全体の売上げの20%を占めている。このとき、商品bはB部門の売上げの何%を占めているか。

国家一般職高卒 2018

1　30%

2　40%

3　50%

4　60%

5　70%

HINT　「…%を占める」

　1%は0.01、10%は0.1に当たります。例えば、「男子生徒はクラス全体の5割を占める」という条件があれば、男子生徒の人数について、(クラス全体の人数×0.5) と表すことができます。

🐾 解 説

問題文には具体的な売上金額が登場しないため、**計算しやすいように任意の値を設定して解く**ことができます。

ここでは**A部門の売上を100と設定**すると、商品aの売上はその60%を占めているので100×0.6＝60となります。

また、企業全体の売上をxとおくと、xの40%が商品aの売上である60なので、x×0.4＝60という式を立てることができ、これを解くとx＝150となります。

企業全体の売上が150、A部門の売上が100なので、B部門の売上は150－100＝50となります。また商品bの売上は企業全体の売上である150の20%を占めているので、150×0.2＝30となります。

すると、B部門の売上が50、商品bの売上が30なので、**B部門の売上に占める商品bの売上の割合**は$\dfrac{30}{50}$×100＝60[%]となり、正解は**4**です。

ちなみに、A部門の売上を100と設定したときのこの企業の売上の構成をまとめると、次のようになります。

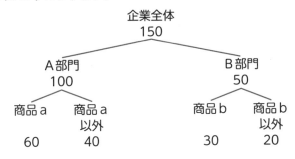

難易度　**B**

　総額96,000円で品物何個かを仕入れ、全部を1個600円で売ると仕入れ総額の2割5分の利益が出るが、実際はそのうちの何個かを1個600円で売り、残りは1個500円で売ったので、最終的な利益は仕入れ総額の1割5分であった。1個600円で売った個数として、正しいものはどれか。　　　裁判所 2019

1　100個

2　102個

3　104個

4　106個

5　108個

HINT　利益算

原価＋利益＝売価　　仕入れ総額＋利益の総額＝売上総額
利益＝売価－原価　　利益の総額＝売上総額－仕入れ総額

　この問題のように当初の予定と実際について別の情報が与えられている場合は、それぞれについて上記の式に当てはめることを考えます。

解　説

　仕入れた品物すべてを1個600円で売った場合の利益の総額について、「**仕入れ総額の2割5分**」とあります。「2割5分」は0.25に当たるので、この場合の利益の総額は96000×0.25＝24000[円]となります。

　品物を仕入れた個数をx[個]とおくと、1個600円でx[個]売ったときの売上総額は600x[円]と表せるので、仕入れ総額＋利益の総額＝売上総額の式に当てはめると、96000＋24000＝600xとなります。これを解いて、x＝200[個]となります。

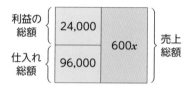

　ところが実際には、最終的な利益の総額について、「**仕入れ総額の1割5分**」とあります。「1割5分」は0.15に当たるので、実際の利益の総額は96000×0.15＝14400[円]となります。

　1個600円で売った個数をy[個]とおくと、200個のうちy[個]を600円、残りの（200－y）[個]を500円で売ったことになり、売上総額は、600y＋500(200－y)[円]となります。

```
利益の
総額 {  14,400    600y
                  +
仕入れ           500(200−y)   } 売上
総額 {  96,000                  総額
```

　これを仕入れ総額＋利益の総額＝売上総額の式に当てはめると、96000＋14400＝600y＋500(200－y)となります。これを解くとy＝104[個]となるので、正解は **3** です。

　ある商品を120個仕入れ、原価に対し5割の利益を上乗せして定価とし、販売を始めた。ちょうど半数が売れた時点で、売れ残りが生じると思われたので、定価の1割引きにして販売した。販売終了時刻が近づき、それでも売れ残りそうであったので、最後は定価の半額にして販売したところ、売り切れた。全体としては、原価に対し1割5分の利益を得た。このとき、定価の1割引きで売れた商品は何個か。

国家一般職 2010

1　　5個
2　　15個
3　　25個
4　　45個
5　　55個

HINT　具体的な金額が一切登場しない利益算

　原価に文字を割り当ててもよいのですが、「100円」など計算しやすい値に設定してしまうこともできます。具体的な金額が与えられていないので、原価をいくらで設定しても同じ答えになるのです。

　仮に個数も具体的に与えられていない問題であれば、仕入れた個数を「100個」とすることもできます。

解 説

3種類の売価が定められているので、仮に原価を100円としたうえで、それぞれの価格を確認しておきましょう。

原価	：100円
定価（原価の5割増し）	：100×1.5＝150［円］ …売価①
定価の1割引き	：150×0.9＝135［円］ …売価②
定価の半額	：150÷2＝75［円］ …売価③

ある商品を120個仕入れたので、仕入れ総額は原価×個数より100×120＝12000［円］となります。

原価に対し1割5分が利益なので、商品1個当たりの利益は100×0.15＝15［円］となります。よって、120個分の利益は、15×120＝1800［円］となります。

定価150円で売れた個数は**120個の半分なので60個**です。残りの60個のうち、定価の1割引きの135円で売れたのがx［個］とすると、**定価の半額の75円で売れたのが（60−x）［個］**となります。

全部で120個

売価❶	売価❷	売価❸
150円	135円	75円
半分の60個	x個	(60−x)個

仕入れ総額＋利益の総額＝売上総額の式に当てはめると、12000＋1800＝150×60＋135x＋75（60−x）となり、これを解いて、x＝5［個］となります。よって、正解は**1**です。

利益の総額	1,800	150×60 + 135x
仕入れ総額	12,000	12,000 + 75(60−x)

売上総額

　ある高校の入学試験において、受験者数の男女比は15：8、合格者数の男女比は10：7、不合格者数の男女比は2：1であった。男子の合格者数と男子の不合格者数の比として、適当なものはどれか。　　　　　　　　裁判所 2016

1　5：1
2　3：2
3　2：3
4　2：5
5　1：5

HINT　　比を具体的な数にする

　例えば2：3という比で数値どうしの関係性のみが与えられている場合でも、これに文字をつけて$2x$、$3x$とすれば具体的な数として扱うことができます。

　このとき、例えば別に5：4という比があり、こちらも具体的な数にするには、別の文字をつけ、$5y$、$4y$などとする必要があります。

　問題文で与えられた合格者数の男女比に**文字をつけて10x、7x**とし、不合格者数の男女比にも**文字をつけて2y、y**とします。合格者と不合格者を合わせたものが入学試験の受験者となるので、男子の受験者数は $(10x+2y)$［人］、女子の受験者数は $(7x+y)$［人］となります。

	男子	女子
合格者	$10x$	$7x$
＋ 不合格者	$2y$	y
＝ 受験者	$10x+2y$	$7x+y$

　受験者数の男女比が15：8なので、比で式を立てると、

　　$(10x+2y):(7x+y)=15:8$

外項の積と内項の積が等しくなることを利用して式を立てると、

　　$(10x+2y)\times8=(7x+y)\times15$

　　$80x+16y=105x+15y$

　　$y=25x$

　求める比は、男子の合格者数：男子の不合格者数＝$10x:2y$です。ここに$y=25x$を代入して簡単な比に直すと、$10x:2\times25x=10x:50x=1:5$となるので、正解は **5** です。

　ある菓子店で、第一週にA、Bの2人が作ったクッキーの個数の比は8：3であった。

　Aは、第二週に第一週の20％減、第三週に第二週の50％減の個数のクッキーを作った。Bは、第二週に第一週の20％増、第三週に第二週の50％増の個数のクッキーを作った。その結果、第一週、第二週、第三週の合計でみると、Aが作ったクッキーの個数はBのそれより280個多かった。このとき、Aが第三週に作ったクッキーの個数はいくつか。

国家一般職高卒 2023

1 　120個

2 　160個

3 　200個

4 　240個

5 　280個

HINT 比と割合

　与えられている比は1つのみで、その他の量は比で表された数量に対する割合として示されており、比と割合の要素が合わさった問題です。
　比に文字をつけると、割合を使ってその他の数量を表すことができます。

　第一週にAとBが作ったクッキーの個数の比が8：3、第二週について、Aは「20％減」とあるので**第一週の0.8倍**、Bは「20％増」とあるので**第一週の1.2倍**となります。このとき、第一週の比を10倍してA：B＝80：30としておくと、0.8倍、1.2倍したときに整数の値になるので計算がしやすいでしょう。

　比に文字をつけて、第一週に作ったクッキーの個数を、Aが$80x$[個]、Bが$30x$[個]とします。第二週に作ったクッキーの個数は、Aが$80x \times 0.8 = 64x$[個]、Bが$30x \times 1.2 = 36x$[個]となります。

　さらに、第三週に作ったクッキーの個数は、Aが第二週の50％減なので$64x$の半分の$32x$[個]、Bが第二週の50％増なので$36x$の半分の$18x$を加えた$36x + 18x = 54x$[個]となります。

	A		B
第一週	$80x$	:	$30x$
第二週	$64x$	:	$36x$
第三週	$32x$	:	$54x$
合計	$176x$	:	$120x$

　第一週から第三週までに作ったクッキーの個数の合計は、Aが$176x$[個]、Bが$120x$[個]であり、問題文によれば**Aの合計はBの合計より280個多い**ので、$176x - 120x = 280$より$x = 5$となります。これを求めるAの第三週の個数$32x$[個]に代入すると、$32 \times 5 = 160$[個]となるので、正解は**2**です。

難易度 **B**

　ある職場の男性職員と女性職員の人数の割合は7：8で、電車通勤者とバス通勤者の人数の割合は4：5である。電車通勤者のうち男性職員が90人、バス通勤者のうち女性職員が126人であるとき、この職場の全職員数として、最も妥当なのはどれか。ただし、職員は電車通勤者とバス通勤者以外はいないものとする。

警視庁Ⅰ類 2018

1　360人

2　405人

3　450人

4　495人

5　540人

HINT　総合計をそろえる

　この問題では、男性職員と女性職員の合計が全職員となり、電車通勤者とバス通勤者の合計も全職員となります。

　全職員数は等しいはずなので、このことを利用して比の数値をそろえることを考えてみます。

　この職場には男性職員と女性職員しかおらず、また電車通勤者とバス通勤者しかいません。よって、**男性職員と女性職員を合わせると全職員、電車通勤者とバス通勤者を合わせると全職員**となります。

　問題文で与えられた比にそれぞれ合計も加えると、

　　男性職員：女性職員：全職員＝7：8：15

　　電車通勤者：バス通勤者：全職員＝4：5：9

　このとき、15と9はどちらも同じく「全職員数」を表しているのに、それぞれの比で違う値となっています（**表1**）。この値をそろえるために、**性別の比を3倍、通勤手段の比を5倍**すると、

表1	男性		女性		合計
電車					4
					⋮
バス					5
					⋮
					9
合計	7	:	8	:	15

　　男性職員：女性職員：全職員：21：24：45

　　電車通勤者：バス通勤者：全職員＝20：25：45

となり、「全職員数」を同じ値でそろえることができました。

　全職員数をそろえられたので、2つの比を1つにまとめて文字xをつけ、実際の人数として扱います。さらに、問題文で与えられている電車通勤者の男性職員90人、バス通勤者の女性職員126人を表に書き入れます。

　求めるのは「全職員数」、つまり$45x$であり、これを求めるには2つの空欄のうちいずれかが必要ですが、今回は電車通勤者の女性職員をy[人]として、これを利用してみます（**表2**）。

表2	男性	女性	合計
電車	90	y	$20x$
バス		126	$25x$
合計	$21x$	$24x$	$45x$

　電車通勤者の合計について方程式を立てると$90+y=20x$、女性職員の合計について方程式を立てると$y+126=24x$となります。$y=24x-126$と変形して$90+y=20x$の式に代入し、整理すると、$x=9$となります。

　全職員数は$45×9=405$[人]となるので、正解は**2**です。

　A〜Dの4人が、100点満点の試験を受けた。4人の得点について、次のことが分かっているとき、Aの得点とBの得点を足し合わせた得点はどれか。ただし、試験の得点は全て整数とし、0点の者はいないものとする。

国家専門職 2013

○　Aの得点は、Bの得点の $\dfrac{5}{7}$ 倍であった。

○　Bの得点は、Cの得点の $\dfrac{5}{3}$ 倍であった。

○　Cの得点は、Dの得点の2倍であった。

1　　36点
2　　60点
3　　96点
4　　120点
5　　144点

HINT　分数を比で表す

　例えば「商品Aの売上は、商品Bの売上の $\dfrac{2}{3}$ である」という条件があるとき、商品Aの売上を a、商品Bの売上を b とすると、$a = b \times \dfrac{2}{3}$ という式を立てることができます。このとき、$b = 3$ を代入すると $a = 2$ となります。

　つまり、「a は、b の $\dfrac{2}{3}$ である」とわかっているとき、$a : b = 2 : 3$ と表すことができます。

与えられている条件から、A〜Dの得点を比で表すことを考えてみます。

A〜Dの得点をそれぞれ $a \sim d$ とすると、1つ目の条件から $a = b \times \dfrac{5}{7}$ となり

ます。このとき、$b=7$ を代入すると $a=5$ となることから、$a:b=5:7$ と表すこ

とができます。同様に、2つ目の条件から $b = c \times \dfrac{5}{3}$ なので $b:c=5:3$、3つ目

の条件から $c:d=2:1$ となります。

$$\begin{cases} a:b=5:7 & \cdots\cdots① \\ b:c=5:3 & \cdots\cdots② \\ c:d=2:1 & \cdots\cdots③ \end{cases}$$

①と②は b が共通しているので、①を5倍、②を7倍すると、

$a:b:c=25:35:21$　……④

とそろえることができ、さらに③と④は c が共通しているので、③を21倍、④
を2倍すると、

$a:b:c:d=50:70:42:21$　……⑤

と**4人の得点すべてを1つの比で表すことができます。**

a	:	b	:	c	
5	:	7			……①
		5	:	3	……②
25	:	35			……①×5
		35	:	21	……②×7
25	:	35	:	21	……④

a	:	b	:	c	:	d	
25	:	35	:	21			……④
				2	:	1	……③
50	:	70	:	42			……④×2
				42	:	21	……③×21
50	:	70	:	42	:	21	……⑤

ここで、比の数値に文字をつけて、$a=50x$[点]、$b=70x$[点]、$c=42x$[点]、$d=21x$[点]と表すことができますが、試験は100点満点であるため、**xの値が2
以上になるとBの得点が100点を超えてしまいます。**よって、$x=1$ となり、4
人の得点はAが50点、Bが70点、Cが42点、Dが21点とわかります。

求めるのはAの得点とBの得点の合計なので、$50+70=120$[点]となり、正
解は **4** です。

A駅、B駅及びC駅の3つの駅がある。15年前、この3駅の利用者数の合計は、175,500人であった。この15年間に、利用者数は、A駅で12%、B駅で18%、C駅で9％それぞれ増加した。増加した利用者数が各駅とも同じであるとき、現在のA駅の利用者数はどれか。 特別区Ⅰ類 2023

1 43,680人
2 46,020人
3 58,500人
4 65,520人
5 78,000人

HINT 等しい数量に着目する

比を使うと、「等しい数量」の値をそろえて全体を1つの基準にまとめることができます。

この問題での「等しい数量」は15年間での各駅の利用者数の増加分なので、この値をそろえることを考えてみます。

解 説

「％」で増加分が示されているA～C駅の利用者数を比で表すために、15年前の利用者数をそれぞれ100とします。すると、A～C駅の利用者数の増加分はそれぞれ15年間の利用者数の12％、18％、9％なので、それぞれ12、18、9となります。15年前の利用者数と15年間での増加分を簡単な比にするとA駅が100：12＝50：6、B駅が100：18＝50：9、C駅が100：9となります（**表1**）。

3駅の増加分は等しいので、A駅の比を3倍、B駅とC駅の比を2倍して、**3駅の増加分をそろえます**（**表2**）。

表1	15年前		増加人数	
A駅	50	：	6	×3
B駅	50	：	9	×2
C駅	100	：	9	×2

表2	15年前		増加人数
A駅	150	：	18
B駅	100	：	18
C駅	200	：	18

3駅の比が1つにまとまったので、表中の値にxをつけ、現在の利用者数と3駅の合計も計算しておきます（**表3**）。

表3	15年前	増加人数	現在
A駅	$150x$	$18x$	$168x$
B駅	$100x$	$18x$	$118x$
C駅	$200x$	$18x$	$218x$
合計	$450x$	$54x$	$504x$

175,500人

15年前の3駅の利用者数の合計が175,500人なので、$450x = 175500$より$x = 390$となります。これを現在のA駅の利用者数である$168x$に代入すると、$168 \times 390 = 65520$［人］となります。

よって、正解は **4** です。

難易度 **B**

　ある診療所にはAとBの二つの水槽があり、メダカ、エビ、グッピーの3種類の生き物が飼育されている。次のことが分かっているとき、Aの水槽で飼育されている生き物の数とBの水槽で飼育されている生き物の数の比はいくらか。

国家一般職高卒 2021

○　Aの水槽で飼育されている生き物の数の $\dfrac{3}{4}$ はメダカであり、エビはその

　メダカの $\dfrac{1}{5}$ の数であり、グッピーは2匹である。

○　Bの水槽で飼育されている生き物の数の $\dfrac{2}{3}$ はメダカであり、グッピーは

　そのメダカの $\dfrac{1}{5}$ の数であり、エビは6匹である。

　　Aの水槽：Bの水槽

1	1	:	1
2	1	:	2
3	2	:	1
4	2	:	3
5	2	:	5

🐾 解　説 ▶　　　　　　　　　　　　　　　　　　　　正　解　4

　まず、Aの水槽について考えます。「Aの水槽で飼育されている生き物の数の $\frac{3}{4}$ はメダカ」なので、生き物の数についてメダカ：Aの水槽全体＝3：4となります。また、「エビはそのメダカの $\frac{1}{5}$ の数」なので、$3 \times \frac{1}{5} = \frac{3}{5}$ となります（**表1**）。

表1	メダカ		エビ		グッピー		全体
Aの水槽	3	:	$\frac{3}{5}$	:		:	4

　比の数値を整数にするために、メダカ：エビ：Aの水槽全体の比を5倍すると、メダカ：エビ：Aの水槽全体＝3：$\frac{3}{5}$：4＝15：3：20となります。Aの水槽全体が20、メダカとエビの合計が18となるので、**残りのグッピーは2となります**。

　実際の数はグッピーが2匹とわかっています。Aの水槽で飼育されている生き物はメダカ：エビ：グッピー：Aの水槽全体の比の**1倍（そのままの数値）が実際の数**となります（**表2**）。

表2	メダカ		エビ		グッピー		全体
Aの水槽	15	:	3	:	2	:	20
実際の数	15匹		3匹		2匹		20匹

1倍

　同様に、Bの水槽についても考えます。「Bの水槽で飼育されている生き物の数の $\frac{2}{3}$ はメダカ」なので、生き物の数についてメダカ：Bの水槽全体＝2：3となります。また、「グッピーはそのメダカの $\frac{1}{5}$ の数」なので、$2 \times \frac{1}{5} = \frac{2}{5}$ となります（**表3**）。

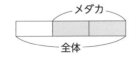

表3	メダカ		エビ		グッピー		全体
Bの水槽	2	:		:	$\frac{2}{5}$	:	3

　比の数値を整数にするために、メダカ：エビ：Bの水槽全体の比を5倍する

と、メダカ：グッピー：Bの水槽全体＝2：$\frac{2}{5}$：3＝10：2：15となります。B

の水槽全体が15、メダカとグッピーの合計が12となるので、**残りのエビは3と**

なります。

　実際の数はエビが6匹とわかっています。Bの水槽で飼育されている生き物

はメダカ：エビ：グッピー：Bの水槽全体の比の**2倍が実際の数と等しくなり**

ます（**表4**）。

表4	メダカ		エビ		グッピー		全体
Bの水槽	10	:	3	:	2	:	15
実際の数	20匹		6匹		4匹		30匹

2倍

　よって、飼育されている生き物の数の比は、Aの水槽が20匹、Bの水槽が30

匹なので、20：30＝2：3となります。よって、正解は**4**です。

第1編

数的推理

第**5**章

速　さ

第1節 速さの基本

速さの問題は文章題の定番テーマの１つです。大きく２種類の解き方があるので、問題に合わせて相性のよい解き方をマスターしましょう。

🐾 例題35

時速72kmの速さで高速道路を進む自動車が５秒間で移動する距離として正しいのはどれか。ただし、自動車は常に一定の速さで進むものとする。

オリジナル

1 100m **2** 120m **3** 140m **4** 160m **5** 180m

速さの問題はどうしても混乱してしまうニャ…。

これまでの文章題と同じように、じっくり整理すれば大丈夫ニャ！まずは速さの基本から復習ニャ！

速さというのは、**一定の時間に人や物が移動するときの変化の大きさ**を表したものです。例えば、時速５km（５km/時）、分速100m（100m/分）、秒速２m（２m/秒）などのように表されます。時速３kmで歩くと、歩き始めてから１時間後には３km、２時間後には６km、３時間後には９km進んだ地点にいます。このように、**速さは時間や距離と関係する概念**です。

STUDY 速さの基本

$$速さ＝距離÷時間$$
$$時間＝距離÷速さ$$
$$距離＝速さ×時間$$

きょり
÷
は×じ
やさ かん

１時間で
３km進む

１時間 🧍
┣━━━┫
３km

３時間で９km進む

━━━━ ３時間 ━━━━
１時間 １時間 １時間 🧍
┣━━┳━━┳━━┫
３km ３km ３km
━━━━ ９km ━━━━

速さ、時間、距離を速さの**3要素**というニャ！ これを意識しながら
例題を考えるニャ！

例題では、時速72kmという速さと5秒という時間が与えられており、**この2つを使って距離を求める**ことになります。距離を求めるには距離＝速さ×時間の式を使います。

それなら簡単ニャ！ 速さが時速72kmで時間が5秒だから、72×5
を計算すればいいニャ！

ちょっと待つニャ！ 単位がそろってるか確認してから計算するニャ！

距離の単位にはkm、mなどがあり、時間の単位には時間、分、秒などがあります。速さの単位も時速、分速、秒速と時間当たりに移動する距離の単位を組み合わせたものであり、**計算する際にはこれらを統一する必要があります**。
　例題の場合、速さが時速72kmであり、時間が5秒なので単位が一致していません。また、**選択肢の単位が「m」なので、時速72kmを秒速●mに変換し**ます。

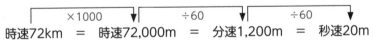

$$時速72km\ =\ 時速72{,}000m\ =\ 分速1{,}200m\ =\ 秒速20m$$

これで単位がそろったから、速さの式に当てはめられるニャ！

　求めるのは、秒速20mの速さで5秒進むときに移動する距離なので、距離＝速さ×時間の式に当てはめて、$20 \times 5 = 100 [m]$ となります。

STUDY　単位の変換

❶　時間の単位

　「時間」を「分」に変換するには60をか
け、「分」を「秒」に変換するにも60をか
けます。逆方向に変換する場合はそれぞれ60で割ります。

例）7時間　＝　420分　＝　25,200秒

（×60　×60　÷60　÷60）

❷　距離の単位

　「km」を「m」に変換するには1,000をかけ、「m」
を「km」に変換するには1,000で割ります。

（km ×1000 m ÷1000）

例）5.7km　＝　5,700m

（×1000　÷1000）

例）時速10.8kmを秒速●mに変換する

　まず、「km」を「m」に変換するために1,000をかけます。1秒で進む距
離は1時間で進む距離より少なくなるので、「時速」を「秒速」に変換す
るために60で2回割ります。

時速10.8km　＝　時速10,800m　＝　分速180m　＝　秒速3m

（×1000　÷60　÷60）

正　解　1

例題36

　山道をある地点まで上り、折り返して同じ道を最初の地点まで下るサイクリングコースがある。このサイクリングコースを折り返し地点まで上るのに1時間20分かかり、折り返し地点から最初の地点まで下るのに40分かかった。上りの速さが時速9kmであるとき、下りの速さとして正しいのはどれか。ただし、上りと下りで速さが変化するほかは一定の速さで進んだものとする。

オリジナル

1 時速16km 　**2** 時速17km 　**3** 時速18km

4 時速19km 　**5** 時速20km

上りと下りで速さが変わってややこしいニャ…。

同じ距離を往復するのがポイントニャ！上りと下りに分けて1つずつ考えてみるニャ！

　まず上りについて考えてみましょう。折り返し地点までの距離はわかっていませんが、時間が1時間20分、速さが時速9kmとわかっています。時間が「1時間20分」という中途半端な量になっていますが、選択肢を見ると単位が「時速」なので、**「時間」を「分」に変換しない**ほうがよさそうです。このようなときは、1時間20分を$\frac{80}{60}$時間と表記しておきましょう。

　サイクリングコースの片道の距離を求めたいので、距離＝速さ×時間の式に当てはめると、$9 \times \frac{80}{60} = \frac{720}{60} = 12$[km]となります。

ニャるほど！同じ距離を往復するサイクリングコースだから、これで下りの距離がわかったニャ！

　求めたいのは下りの速さであり、距離が12km、時間が40分とわかっていま

す。ここでも、40分＝$\frac{40}{60}$時間と表記しておきましょう。下りの速さを求めたいので、**速さ＝距離÷時間**の式に当てはめると、$12 \div \frac{40}{60} = 12 \times \frac{60}{40} = \frac{720}{40} = 18[\text{km/時}]$となります。よって、正解は **3** です。

ただこの問題、実はもっと簡単に解く方法があるニャ！

この例題のように同じ距離を折り返して往復する場合、**往路（上り）と復路（下り）の距離が等しく**なります。よって、上りと下りについてそれぞれ距離＝速さ×時間の式を立てると、上りの距離と下りの距離は等しいため、右辺どうしを等号で結んで解くことができます。下りの速さをx[km/時]とおいて式を立ててみましょう。

すると、上りの距離＝$9 \times \frac{80}{60}$、下りの距離＝$x \times \frac{40}{60}$となり、**上りの距離＝下りの距離**なので、$9 \times \frac{80}{60} = x \times \frac{40}{60}$となります。両辺に60をかけると$9 \times 80 = x \times 40$となり、$x = 18[\text{km/時}]$と求めることができます。

距離を具体的に求める手間が省けたニャ！

一定の距離を往復する問題では「上りの距離＝下りの距離」を使うと簡単ニャ！
あともう1つ、速さの問題を解くうえでマスターしておきたい解法があるニャ！

速さの問題へのアプローチとしてもう1つ知っておきたいのが、**比を使った解法**です。速さ、時間、距離の速さの3要素のうち、**どれか1つ等しいものがあれば**、次に示すような比の性質を使って考えることもできます。

STUDY　比を使ったアプローチ

❶　速さが等しい場合

　速さの3要素のうち「速さ」が等しいとき、残りの要素である時間と距離の比が等しくなります。

例）ともに時速10kmで、Aは1時間、Bは2時間移動すると、Aは10km、
　　Bは20km進む

　　⇒　速さが等しく、時間が1：2であれば、距離も1：2

❷　時間が等しい場合

　速さの3要素のうち「時間」が等しいとき、残りの要素である速さと距離の比が等しくなります。

例）ともに1時間で、Aは時速10km、Bは時速20kmで移動すると、Aは
　　10km、Bは20km進む

　　⇒　時間が等しく、速さが1：2であれば、距離も1：2

❸　距離が等しい場合

　速さの3要素のうち「距離」が等しいとき、残りの要素である速さと時間の比は逆になります。

例）ともに20kmの距離を、Aは時速10km、Bは時速20kmで移動すると、
　　Aは2時間、Bは1時間かかる

　　⇒　距離が等しく、速さが1：2であれば、時間は2：1

距離が等しいときだけ、比が逆になってるニャ…。

100m走をするとき、速い人ほどタイムが短いことを考えるとわかりやすいニャ！

この例題は上りと下りで**距離が等しい**ため、上記❸に沿って比を使ったアプローチが可能です。移動にかかった時間を上りと下りで比べると、上りが1時間20分＝80分、下りが40分なので、（上り）：（下り）＝2：1になっていることがわかります。距離が等しいとき、速さと時間の比は逆になるため、（上りの速さ）：（下りの速さ）＝1：2になるはずです。

　上りの速さは時速9kmとわかっているので、下りの速さはその2倍、時速18kmとなります。

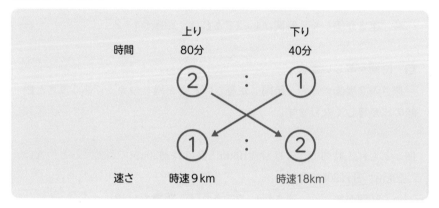

正　解　3

第2節 旅人算・周回算

複数の人や物が移動する状況を考える問題が旅人算・周回算です。
最初のうちは図に整理しながら状況を確認していきましょう。

 例題37

　　X地点とY地点を直線で結ぶ1,920mのジョギングコースがある。このコースをAは分速100mでX地点からY地点へ、Bは分速140mでY地点からX地点へ向けて同時に出発する。2人が出発してから出会うまでにかかる時間として正しいのはどれか。　　　　　　　　オリジナル

1　6分
2　7分
3　8分
4　9分
5　10分

2人出てきて複雑になってきたニャ…。

複雑に感じたら、どういう状況か図を描いて整理するといいニャ！

　この例題のように、**複数の人や物が移動する速さの問題**を旅人算(たびびとざん)と呼びます。状況を図に描いてみましょう。

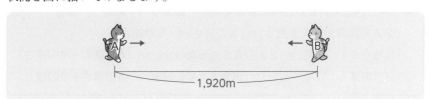

AとBは1,920mのジョギングコースの両端にいて、そこから反対方向に同時に出発すると、コース上のどこかで2人は出会うことになり、それまでにかかる時間が問われています。旅人算のうち、**「出会うタイプ」**の問題です。

　旅人算の基本を理解するために、**出発から1分後の状況、2分後の状況**をそれぞれ見てみましょう。

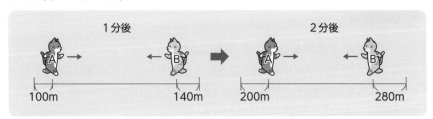

　1分後にAはX地点から100m、BはY地点から140mの地点に、2分後にAはX地点から200m、BはY地点から280mの地点にいます。1分当たり（100+140）[m]ずつ、つまり**2人の速さを合計した分ずつ2人の距離が縮まっている**ことがわかります。この距離が0になったときに、2人は出会います。

　次に、2人が出会った瞬間の状況を考えてみます。

　このとき、**出会うまでに2人が移動した距離の合計が、ジョギングコースの全長と一致している**ことがわかります。

STUDY　出会うタイプの旅人算

●**反対方向にA、Bが同時に移動を始め、出会う（すれ違う）場合**
　（2人の距離が縮まる速さ）＝（Aの速さ）＋（Bの速さ）
　（出会うまでの時間）＝（2人の進んだ距離の合計）÷（Aの速さ＋Bの速さ）
　（2人の進んだ距離の合計）＝（出会うまでの時間）×（Aの速さ＋Bの速さ）

図に描いて整理したら、状況をイメージしやすくなったニャ！

あとは、式に当てはめて計算するだけニャ！

　上記のとおり、2人が出会ったときまでに2人が進んだ距離の合計はジョギングコースの全長、つまり1,920mと一致しますから、（出会うまでの時間）＝（2人の進んだ距離の合計）÷（Aの速さ＋Bの速さ）より、この距離を2人の速さの合計で割ればいいことになります。

　（出会うまでの時間）＝1920÷（100＋140）＝1920÷240＝8［分］

　よって、正解は **3** です。

[正　解] 3

弟は分速100mで家から駅に向かって出発し、その4分後に兄が分速140mで同じく家から駅に向かって出発した。弟が出発してから兄が弟に追いつくまでにかかる時間として正しいのはどれか。　　オリジナル

1　10分

2　12分

3　14分

4　16分

5　18分

今度は、追いかけっこの状況になってるニャ！

さっきの例題と同じように、まずは状況を整理してみるニャ！

　まず、兄が出発するときの状況を図にしてみます。4分後なので、弟は家から100×4＝400[m]離れた地点にいます。

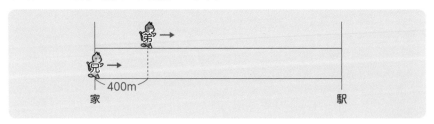

弟が先に出発したから、その分兄との間に距離がある状態ニャ！

弟と兄との間に距離がありますが、兄のほうが速いため、兄が出発するとその距離は次第に縮まっていき、どこかで兄が弟に追いつくことになります。旅人算のうち、「**追いつくタイプ**」の問題です。

　ここでも、**兄の出発から1分後の状況、2分後の状況**をそれぞれ見てみましょう。

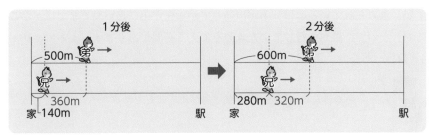

　兄が出発したとき、弟と兄の距離は400mですが、1分後には360mに、2分後には320mに縮まっており、1分当たり（140 – 100）[m]ずつ、つまり**2人の速さの差の分ずつ2人の距離が縮まっている**ことがわかります。この距離が0になったときに、兄が弟に追いつきます。

　次に、兄が弟に追いついた瞬間の状況を考えてみます。

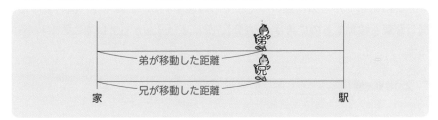

　このとき、**兄が弟に追いつくまでに2人が移動した距離が等しい**ことがわかります。

STUDY　追いつくタイプの旅人算

●**同じ方向にA、Bが移動し、AがBに追いつく（追い越す）場合**
　（2人の距離が縮まる速さ）＝（Aの速さ）－（Bの速さ）
　（追いつくまでの時間）＝（当初の2人の距離）÷（Aの速さ－Bの速さ）
　（当初の2人の距離）＝（追いつくまでの時間）×（Aの速さ－Bの速さ）

すでに図で示したとおり、弟が出発してから4分後の2人の距離は400mです。ここから兄が弟に追いつくまでにかかる時間は、（追いつくまでの時間）＝（当初の2人の距離）÷（Aの速さ－Bの速さ）に当てはめて、

　　（追いつくまでの時間）＝400÷（140－100）＝400÷40＝10［分］

　いま求めたのは「兄が出発してから兄が弟に追いつくまでにかかる時間」ですが、求められているのは「弟が出発してから兄が弟に追いつくまでにかかる時間」なので、**弟が先行していた4分**を加える必要があります。よって、10＋4＝14［分］となり、正解は **3** です。

ちなみにこの問題、比を使って解くこともできるニャ！

　弟の速さは分速100m、兄の速さは分速140mなので、（弟の速さ）：（兄の速さ）＝5：7です。また、追いつくタイプの旅人算では、一方が他方に追いついたとき**2人の移動距離は等しい**ので、**速さの比と時間の比は逆**になります。つまり、（弟の移動時間）：（兄の移動時間）＝7：5となります。

　兄が出発してから弟に追いつくまでの時間を t［分］とおくと、図のように、**同じ距離を移動するのに弟は4＋t［分］、兄は t［分］**かかっていることがわかります。

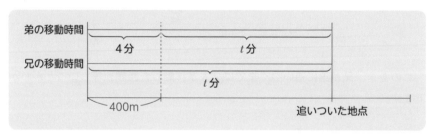

　この時間の比が7：5なので、4＋t：t＝7：5という式を立てることができ、これを解くと t＝10［分］となります。あとは先ほどと同様に弟が先行していた4分を加えて14分となります。

正解 3

例題39

　まっすぐな道で自宅から400m離れた駅に向かって、兄が分速100mで、弟が分速60mで同時に出発した。先に駅に着いた兄が忘れ物に気づいて、駅に着いた直後に自宅に向かったが、その途中で駅に向かう弟とすれ違った。このとき、兄と弟がすれ違った地点は自宅から何mの距離にあるか。

オリジナル

1　200m　　**2**　300m　　**3**　400m　　**4**　500m　　**5**　600m

　　　今度は折り返しを含む旅人算の問題ニャ！

　この問題では、同じ方向に同じ速さで2人が出発しますが、1人が先に終点に着いて引き返してきますので、その途中で出会うという設定になっています。やはり状況を理解するために図解してみましょう。

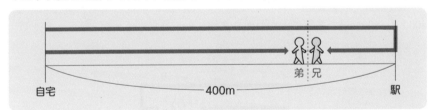

　まず、兄が駅に着いたときの状況を考えてみます。400mの距離を分速100mで進むので、時間＝距離÷速さより、400÷100＝4[分]で駅に着いていますが、このとき弟はどの地点にいたかというと、距離＝速さ×時間より、60×4＝240[m]の地点、つまり、**駅にいる兄と弟は160m離れた状態**です。

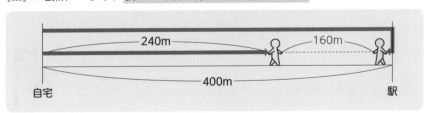

ここから、兄と弟は反対方向に向かって移動しますので、**出会うタイプの旅人算**と同じように計算することができます。160mの距離が0になったときに2人がすれ違いますので、（出会うまでの時間）＝（2人の進んだ距離の合計）÷（Aの速さ＋Bの速さ）に当てはめて、160÷(100＋60)＝1［分］、つまりその1分後に2人がいる地点がすれ違った地点だとわかります。

　分速60mで進む弟は、自宅から240mの地点にいたときから1分後には300mの地点にいるので、正解は**2**です。

この問題も、比を使ったアプローチを紹介しておくニャ！

　兄が分速100m、弟が分速60mなので、（兄の速さ）：（弟の速さ）＝5：3です。また、兄と弟は同時に出発し、すれ違うときまで等しい時間移動していることがわかります。**時間が等しいとき、速さと距離の比が等しい**ので、すれ違うときまでの移動距離について（兄の距離）：（弟の距離）＝5：3となります。

　兄が先に駅に着いて、その後引き返した途中で弟とすれ違う状況を図解すると、**兄と弟の移動距離の合計は、自宅から駅までを往復した距離に等しく**、400×2＝800［m］であることがわかります。

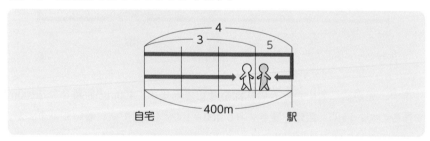

　この800mを5：3に分ける地点が2人のすれ違った地点です。弟について考えると、800mを8等分したうちの3つ分を進んだ地点なので、自宅から300mの地点であるとわかります。

比を使った解法のほうがわかりやすい気がするニャ！

ちなみに、決まった距離を複数回往復する状況が出題されることもあるニャ！

　この例題では、最初にすれ違うところが問われていますが、すれ違ったあとも2人が移動を続け、2回目、3回目にすれ違う状況が問われることがあります。念のため確認しておきましょう。

STUDY　決まった距離を往復する

❶　決まった距離の両端から移動を始める場合

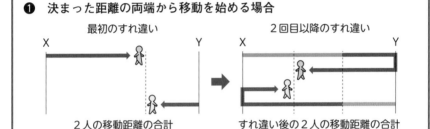

❷　決まった距離の一端から移動を始める場合

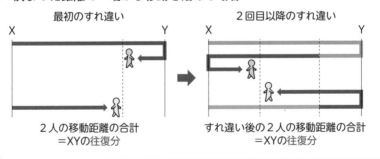

正　解　2

1周270mの池の周りを走って1周するのに、Aは40秒、Bは80秒かかる。池の周りの同じ地点から、Aが時計回りに、Bが反時計回りに同時に出発したとき、2人が最初にすれ違うまでにAが走った距離として正しいのはどれか。ただし、両者はそれぞれ一定の速さで走ったものとする。

オリジナル

1　150m

2　160m

3　170m

4　180m

5　190m

今度は円形につながったところを移動する問題ニャ！

コースの形が変わっても、これまでと同じように考えればいいニャ！

　問題文に池の周り1周の距離と、AとBが1周するのにかかる時間が示されているので、この2つから2人の速さを計算することができます。速さ＝距離÷時間の式に当てはめて、（Aの速さ）＝$270 \div 40 = \dfrac{270}{40} = \dfrac{27}{4}$ ［m/秒］、（Bの速さ）＝$270 \div 80 = \dfrac{270}{80} = \dfrac{27}{8}$ ［m/秒］となります。

　次に、例題の問うている状況を考えてみましょう。同じ地点から反対方向に2人が走り始めるので、周回コース上のどこかですれ違うことになります。また、2人がすれ違うときまでに2人が走ってきた距離の合計は、池の周り1周分の距離に等しいことがわかります。

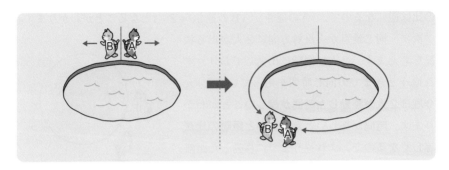

ニャるほど！ これまでの出会うタイプの旅人算と同じニャ！

（出会うまでの時間）＝（２人の進んだ距離の合計）÷（Ａの速さ＋Ｂの速さ）

に当てはめると、$270 \div \left(\dfrac{27}{4} + \dfrac{27}{8} \right) = 270 \div \dfrac{54 + 27}{8} = 270 \div \dfrac{81}{8} = 270 \times \dfrac{8}{81} =$

$\dfrac{2160}{81} = \dfrac{80}{3}$ [秒]となります。

　すると、ＡもしくはＢが出発から$\dfrac{80}{3}$秒後にいた地点が、２人が最初にすれ

違った地点なので、距離＝速さ×時間にＡの速さを当てはめて、$\dfrac{27}{4} \times \dfrac{80}{3} =$

$\dfrac{2160}{12} = 180$[m]となります。よって、正解は **4** です。

答えは出せたけど、計算がすごくややこしかったニャ…。

今回も、比を使ったアプローチを試してみるニャ！

　池の周り１周分という同じ距離を走るのにかかる時間について、（Ａの時
間）：（Ｂの時間）＝１：２となっています。**距離が等しいとき、速さの比と時間**

の比は逆になるので、（Aの速さ）：（Bの速さ）＝2：1となることがわかります。

　次に、同じ地点から反対方向に2人が走る状況を考えます。2人は同時に出発しており、すれ違うときまでの同じ時間を走っているため、今度は**2人が移動した時間が等しい**ことがわかります。**時間が等しいとき、速さと距離の比が等しくなる**ので、すれ違うまでに移動した距離について、（Aの距離）：（Bの距離）＝2：1となります。

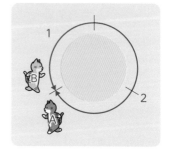

　求めるのはAの走った距離ですが、**Aは池の周り1周を3つに等分したうちの2つ分まで走っていた**ことになります。270mを3等分すると1つ分が90mに当たりますから、2つ分の距離は180mとなります。

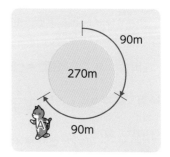

計算がシンプルでこっちのほうが簡単ニャ！

この例題は比を使うと楽チンになる典型例といえるニャ！うまく使い分けるのが大事ニャ！

正解　4

例題41

　1周の距離が1,680mの池がある。池の周りの同じ地点からAとBが同時に出発し、2人が反対方向に進むと10分ごとにすれ違い、同じ方向に進むと30分ごとにAがBを追い抜いた。このとき、Aの速さとして正しいのはどれか。ただし、AとBは一定の速さで池の周りを進むものとする。

オリジナル

1	分速106m	**2**	分速108m	**3**	分速110m
4	分速112m	**5**	分速114m			

　このように、**決まったコースを周回する移動を考える旅人算**を、特に周回算^{しゅうかいざん}と呼ぶことがあります。2人が反対方向に進むとき、同じ方向に進むときに分けて、状況を確認してみましょう。

STUDY　周回算Ⅰ

❶　同時に出発して2人が反対方向に進む場合

・すれ違うまでに2人が移動した時間が等しく、2人が移動した距離の和が1周の距離に等しい

・1周の距離＝（Aの速さ＋Bの速さ）×すれ違うまでの時間

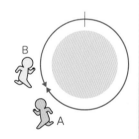

❷　同時に出発して2人が同じ方向に進む場合

・一方が他方を追い抜くまでに2人が移動した時間が等しく、2人が移動した距離の差が1周の距離に等しい

・1周の距離＝（Aの速さ－Bの速さ）×追い抜くまでの時間

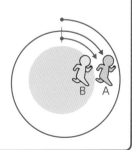

❶は先ほどの例題と同様の状況です。❷は**速いほう（A）が遅いほう（B）を周回遅れにしたときが追い抜くときに当たります**。最初からBが1周分だけ進んだ地点にいて、出発してその距離を縮めていくと捉えると、旅人算の「追いかけるタイプ」の問題と同じ状況になり、2人の速さの差の分だけ距離が縮まっていくことを理解しやすくなります。

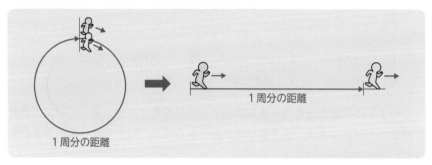

1周分の距離

1周分の距離

Aの速さを a [m/分]、Bの速さを b [m/分]とおいて式に当てはめると、

$$\begin{cases} 1680 = (a+b) \times 10 \rightarrow a+b = 168 \quad \cdots\cdots① \\ 1680 = (a-b) \times 30 \rightarrow a-b = 56 \quad \cdots\cdots② \end{cases}$$

①+②より $2a = 224$ となり、これを解いて $a = 112$ [m/分]となるため、正解は**4**です。

式に当てはめたら簡単に解けたニャ！

ちなみに、複数回のすれ違いや追い抜きが関係する問題が出題されることもあるニャ！

この例題は最初のすれ違いや追い抜きの状況だけわかれば解けますが、複数回目のすれ違いや追い抜きについて問われる問題も出題されるので、念のため確認しておきましょう。

❶ 周回上のある地点から反対方向に移動する場合

最初のすれ違い　　　　　　　　2回目以降のすれ違い

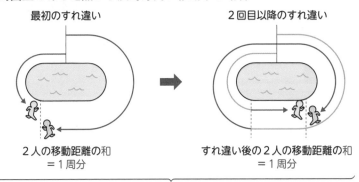

2人の移動距離の和　　　　　すれ違い後の2人の移動距離の和
　　＝1周分　　　　　　　　　　　　＝1周分

n 回すれ違うときの2人の移動距離の和＝n 周分

❷ 周回上のある地点から同じ方向に移動する場合

最初の追い抜き　　　　　　　　2回目以降の追い抜き

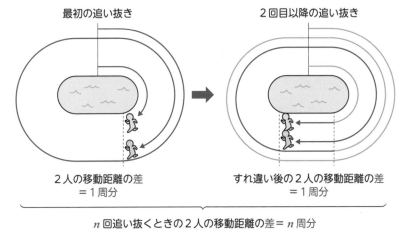

2人の移動距離の差　　　　　すれ違い後の2人の移動距離の差
　　＝1周分　　　　　　　　　　　　＝1周分

n 回追い抜くときの2人の移動距離の差＝n 周分

正解　4

重要度 ★★★

速さの問題の中では出題パターンが比較的少ないので、基本的な問題の解法を身につけておきましょう。

 例題42

> ある川に沿って、上流のA地点と下流のB地点の2地点を往復する船がある。A地点を出発した船は40分後にB地点に着き、次にB地点を出発して1時間後にA地点に着いた。このとき、川の流速として正しいのはどれか。
>
> ただし、静水時における船の速さは分速250mとする。　　オリジナル
>
> **1**　分速10m　　**2**　分速20m　　**3**　分速30m
>
> **4**　分速40m　　**5**　分速50m

どうして行きと帰りでかかる時間が違うニャ？

　船が上流から下流へと下るとき、船は川の流れに乗って速くなります。一方、下流から上流へと上るとき、船は川の流れの抵抗を受けて遅くなります。**川の流れのように別の速さの影響を考える速さの問題**を流水算と呼びます。

　区別するためにここでは、**流れのないところを進むときの船自身の速さ**を静水時の速さ、**川の流れる速さ**を流速と呼ぶことにします。

STUDY　流水算

下りの速さ＝静水時の速さ＋流速

静水時の速さ

流速

上りの速さ＝静水時の速さ－流速

静水時の速さ

流速

流水算のシチュエーションは川の流れる中を進む船が定番ですが、流れるプール、動く歩道など、他の題材で出題されることもあります。

流水算の問題では、下りと上りで同じ区間を往復する設定がよく出てきます。この場合、同じ区間なので距離は等しいことから、

$$\begin{cases} 下りの距離＝速さ×時間 \\ 上りの距離＝速さ×時間 \end{cases}$$

と２つ式を立てると、どちらも距離が左辺にあるため右辺どうしを等号で結ぶことができます。つまり、

（静水時の速さ＋流速）×下りの時間＝（静水時の速さ－流速）×上りの時間

という式に当てはめれば距離を求めなくてもいいことになります。

単位をそろえるため上りの時間を１時間＝60分と変換し、流速を x [m/分] とおいて式に当てはめると、$(250+x)×40＝(250-x)×60$ という方程式を立てることができます。これを解くと $x＝50$ となるため、正解は **5** です。

問題文より、下りにかかった時間は40分、上りにかかった時間は60分なので、（下りの時間）：（上りの時間）＝２：３です。**上りと下りは距離が等しく、速さと時間の比は逆になる**ため、（下りの速さ）：（上りの速さ）＝３：２となります。

単位をそろえるため上りの時間を１時間＝60分と変換し、流速を x [m/分] とおくと、$(250+x):(250-x)＝3:2$ と式を立てることができます。これを解いても $x＝50$ と求めることができます。

正　解　5

A、Bの2人は、X地点とY地点を直線で結ぶ8kmのコースをウォーキングし、この2地点間を往復している。Aは、X地点から出発し、時速5kmで歩く。Bは、Y地点から出発し、時速3kmで歩く。2人が同時に出発したとき、2人が初めてすれ違ってから、2回目にすれ違うまでにかかる時間はいくらか。

ただし、2人ともそれぞれ一定の速さで歩くものとする。

国家一般職高卒 2020

1　　60分
2　　90分
3　120分
4　150分
5　180分

HINT　最初のすれ違い・2回目以降のすれ違い

出発前の状況から2人がどのように移動するか、図に整理してみましょう。

下図のように、2人の進んだ距離の合計がXY間の片道分である8kmになったときに最初のすれ違いが起き、それ以降は往復分である8×2＝16[km]ごとにすれ違います。

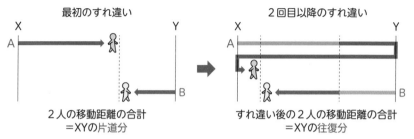

よって、**最初のすれ違いから2回目のすれ違いまでに2人の進んだ距離**を合わせると、8kmを往復した分である16kmになります。

最初のすれ違いから2回目のすれ違いまでにかかる時間について、（出会うまでの時間）＝（2人の進んだ距離の合計）÷（Aの速さ＋Bの速さ）の式に当てはめて、16÷(5+3)＝2[時間]となります。2時間は120分なので、正解は**3**です。

1周2,100mのランニングコースがある。A、B 2 人が同じスタート地点から、Aは時計回りに分速160m、Bは反時計回りに分速120mで、同時にスタートしたとき、2 人が 4 回目にすれ違った地点のスタート地点からの距離はどれか。ただし、スタート地点からの距離は時計回りで測るものとする。

特別区Ⅲ類 2023

1　　300m

2　　600m

3　　900m

4　　1,200m

5　　1,500m

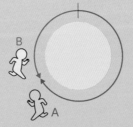

HINT　周回上のある地点から反対方向に移動する場合

2 人が同時に出発して反対方向に移動する場合、n 回目にすれ違うときの 2 人の移動距離の和＝n 周分となります。

　AとBが**4回目にすれ違うまでの移動距離**は、4周分の距離、つまり2100×4＝8400[m]となります。AとBの2人が移動した距離の和が8,400mとなるのにかかる時間は、距離÷（Aの速さ＋Bの速さ）で求めることができ、8400÷（160＋120）＝30[分]となります。

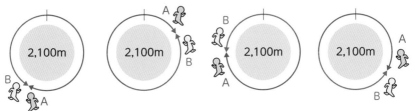

　「スタート地点からの距離は時計回りで測る」ことより、時計回りで進んだAが30分間で移動した距離を求めると、距離＝速さ×時間より、160×30＝4800[m]となります。

　4800＝2100＋2100＋600より、**2周分に加えて600m進んだ位置**が求める地点に当たります。よって、正解は**2**です。

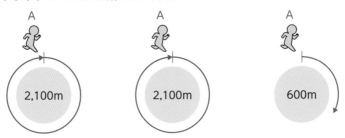

一周が1,400mの池の周りをAとBが同じ地点から、Aは時計回りに分速80mで歩き始め、Bは反時計回りに分速120mの自転車で出発した。二人がすれ違うたびにBだけがその場で5分休むものとすると、AとBが最初の出発点を同時に出発して3回目のすれ違いが起こるまでに要する時間として、最も妥当なのはどれか。ただし、AとBが動いているときの速さは一定とする。

東京消防庁Ⅰ類 2022

1 17分
2 22分
3 27分
4 32分
5 37分

第 1 編

1,400mの池の周りを、分速80mで進むAと分速120mで進むBが**同じ地点から反対方向に進んで1回目にすれ違うまでの時間**は、1400÷(80＋120)＝7[分]となります。その後、Bが5分間休んでいる間にAが進む距離は、距離＝速さ×時間より、80×5＝400[m]となります。

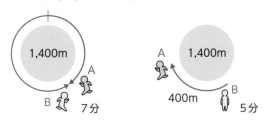

5分経過後、AとBは、1400－400＝1000[m]離れている地点から同時に出発し、2回目のすれ違いが起こります。**Bが5分休んだ直後から2回目のすれ違いまでにかかる時間**は、1000÷(80＋120)＝5[分]となります。

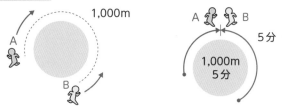

3回目のすれ違いまで同様に繰り返します。

よって、下の表より、3回目のすれ違いまでに7＋5＋5＋5＋5＝27[分]かかるので、正解は **3** です。

1回目のすれ違い	Bが5分休む	2回目のすれ違い	Bが5分休む	3回目のすれ違い
1,400mの距離を2人で進む	Aが400m進む	1,000mの距離を2人で進む	Aが400m進む	1,000mの距離を2人で進む
7分	5分	5分	5分	5分

第 5 章　速さ

問題35

9km離れたPQ間を、甲は毎時6km、乙は毎時4kmの速さで、同時にPを出発して、PQ間を何回か往復する。甲が1回往復した後、さらにQに着くまでに初めて甲と乙の隔たりが3kmになるのは、出発してから何時間何分後か。次の中から最も近いものを選べ。　　　　　　　　　　　　　　裁判所 2003

1　3時間

2　3時間10分

3　3時間20分

4　3時間30分

5　3時間40分

HINT　決まった距離を往復する

同じ地点から出発して決まった距離を往復する問題です。

PQ間を甲が1回往復したとき、乙がどの位置にいるか考えてみましょう。

解 説　　　　　　　　　　　　　　　　　　　　　　 正 解　3

　PQ間は9km離れているので、往復の距離は$9 \times 2 = 18$[km]です。この距離を甲が1回往復するのにかかる時間を、時間＝距離÷速さの式に当てはめて求めると、$18 \div 6 = 3$[時間]となります。この間に乙が進んだ距離を、距離＝速さ×時間の式に当てはめて求めると$4 \times 3 = 12$[km]となります。よって、**甲が1回往復した時点で、乙は9km進んで折り返し、さらに3km進んだ地点にいます。**

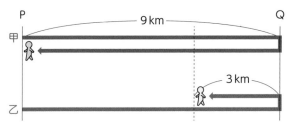

　そこから2人の距離が3kmになるまで進むと、下図のようになります。

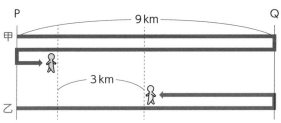

　2人が進んだ距離の合計は、PQ間の2往復から3km引いた距離となるので、$9 \times 4 - 3 = 33$[km]となります。**2人が進んだ距離の合計が33kmになるまでの時間**は、時間＝距離÷速さの式に当てはめて$33 \div (6 + 4) = 3.3$[時間]となります。

　0.3時間は、$0.3 \times 60 = 18$[分]なので、3.3時間は3時間18分となります。

　選択肢の中から最も近いものは3時間20分なので、正解は**3**です。

第 1 編

第 5 章

速さ

問題36

1周が1,200mの円形のジョギングコースがあり、AとBが同時に同じ地点から出発する。AとBが反対方向に走り始めると4分ごとにすれ違い、同じ方向に走り始めると15分ごとにAがBを追い抜いた。このときAの速度として、正しいのはどれか。ただし、AとBの速度は、それぞれ一定とする。

東京都Ⅱ類 2022

1　160m/分

2　170m/分

3　180m/分

4　190m/分

5　200m/分

HINT　周回算

❶　同時に出発して2人が反対方向に進む場合

1周の距離＝（Aの速さ＋Bの速さ）×すれ違うまでの時間

❷　同時に出発して2人が同じ方向に進む場合

1周の距離＝（Aの速さ－Bの速さ）×追い抜くまでの時間

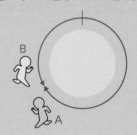

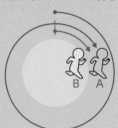

Aの速さをa[m/秒]、Bの速さをb[m/分]とすると、以下のようになります。

$$\begin{cases} 1200 = (a+b) \times 4 & \rightarrow \quad 300 = a+b \quad \cdots\cdots① \\ 1200 = (a-b) \times 15 & \rightarrow \quad 80 = a-b \quad \cdots\cdots② \end{cases}$$

①＋②より$380 = 2a$となり、$a = 190$[m/分]となるので、正解は **4** です。

1周5.0kmのランニングコースがある。A、Bの2人が同じスタート地点から、Aは時計回りに、Bは反時計回りに、同時にスタートし、その12分後に2人は初めてすれ違った。Aが2周して出発した地点に戻るのと、Bが3周して出発した地点に戻るのが同時であったとすると、Aが1周するのに要した時間はどれか。ただし、AとBの走る速さは、それぞれ一定とする。

特別区Ⅲ類 2020

1 24分

2 30分

3 36分

4 40分

5 60分

　AとBの2人は同じ地点から同時に出発し、Aが2周、Bが3周して出発した地点に同時に戻っていることから、同じ時間に進んだ距離について、（Aの移動距離）：（Bの移動距離）＝2：3となります。

　2人が初めてすれ違ったとき、図のように**2人の進んだ距離の和はランニングコース1周分**となっています。AとBの進んだ距離の比は2：3なので、2人が初めてすれ違った地点は、**1周を5等分したうちAが「2つ分」、Bが「3つ分」進んだ地点**となります。

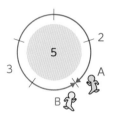

　出発から初めてすれ違うまでにかかった12分は、**Aが「2つ分」進むのにかかった時間**ということになります。

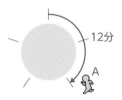

　Aが「2つ分」進むのに12分かかるということは、「1つ分」進むのには12分の半分の6分、1周に相当する「5つ分」進むのには5×6＝30[分]かかるので、正解は**2**です。

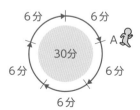

179

□□□

　1周400mのトラックを、Aは1分、Bは1分30秒で走る。A、Bが逆向きにこのトラックの同地点を同時に出発したとき、2人が最初に出会うまでにAが走った距離として正しいものはどれか。ただし、両者はそれぞれ一定の速さで走っていたものとする。

裁判所高卒 2021

1 　160m

2 　180m

3 　200m

4 　220m

5 　240m

HINT 　比を使ったアプローチ

❶ **速さが等しい場合**

　速さが等しいとき、時間と距離の比は等しくなります。

❷ **時間が等しい場合**

　時間が等しいとき、速さと距離の比は等しくなります。

❸ **距離が等しい場合**

　距離が等しいとき、速さと時間の比は逆になります。

400mのトラックを1周するのにかかる時間について、（Aの時間）:（Bの時間）=60:90=2:3となります。

距離が等しいとき、速さの比と時間の比は逆になるので、（Aの速さ）:（Bの速さ）=3:2となります。

次に、2人が同時に出発してから最初に出会うまでの移動について考えます。このときの2人の移動時間は等しく、**時間が等しいとき、速さの比と距離の比は等しくなる**ので、（Aの移動距離）:（Bの移動距離）=3:2となります。

つまり、1周400mを5等分したうち、**Aが「3つ分」、Bが「2つ分」進んだ地点で2人が出会う**ことになります。

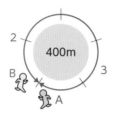

1周400mを5等分した距離は400÷5=80[m]なので、「3つ分」に相当するのは80×3=240[m]です。よって、正解は **5** です。

　流れの速さが秒速0.5mで一定の川があり、この川の上流地点Aと下流地点
Bを、船で一定の速さで往復すると、上りは20分、下りは12分掛かった。いま、
船の静水時における速さを1.5倍にして、一定の速さで下流地点Bから上流地
点Aまで川を上ると、時間はいくら掛かるか。　　　　　　　国家一般職 2022

1　10分
2　12分
3　14分
4　16分
5　18分

HINT　　流水算の基本

　上りと下りで同じ区間を往復する問題では、

　　（静水時の速さ＋流速）×下りの時間

　　　　　　　　　　＝（静水時の速さ－流速）×上りの時間

となります。

　選択肢に合わせて川の流速の単位をそろえます。「秒速●m」を60倍すると「分速●m」になるので、秒速0.5mを**分速30m**にしておきます。

　船の静水時の速さを x [m/分]とすると、上りと下りで川の距離は変わらないので、（静水時の速さ＋流速）×下りの時間＝（静水時の速さ－流速）×上りの時間の式に当てはめて、$(x+30) \times 12 = (x-30) \times 20$ となります。

　これを解いて、静水時の速さは $x=120$ [m/分]となります。また、上流地点Aと下流地点Bとの間の距離は、例えば $(x+30) \times 12$ に $x=120$ を代入して、$(120+30) \times 12 = 1800$ [m]と求めることができます。

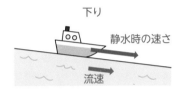

下り

静水時の速さ

流速

上り

静水時の速さ

流速

　静水時の速さを1.5倍にすると $120 \times 1.5 = 180$ [m/分]となります。

　静水時の速さが180[m/分]の船が1,800mを上るのにかかる時間は、$1800 \div (180-30) = 12$ [分]となるので、正解は **2** です。

ある川に沿って、25km離れた上流のA地点と下流のB地点の2地点を往復する船がある。今、Aを出発した船が、1時間を要してBに着き、BからAへ向けて再び出発したが、Bを出発してから20分後に船のエンジンが停止し、エンジンが停止したまま1時間流されBに着いた。このとき、川の流れる速さはどれか。ただし、静水時における船の速さは一定とする。

特別区経験者採用 2022

1   2.5km/時

2   5 km/時

3   7.5km/時

4   15km/時

5   25km/時

解 説

正 解 2

　まず、船が1時間をかけてA地点からB地点へ移動することについて考えます。静水時の速さを x [km/時]、流速を y [km/時]として、A地点とB地点の距離が25kmなので、距離＝速さ×時間の式に当てはめると、$25 = (x+y) \times 1$ となります。

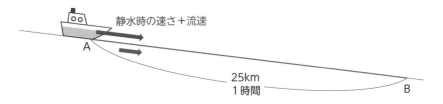

　次に、B地点を出発した船の移動を考えます。**エンジンが停止した船は静水時の速さが0[km/時]となる**ことに注意しましょう。船が**B地点から20分間川を上った距離と、エンジン停止後に流速のみで1時間かけてB地点まで戻ったときに移動した距離が等しい**ので、20分を $\dfrac{20}{60}$ 時間に変換して式を立てると、

$(x-y) \times \dfrac{20}{60} = (0+y) \times 1$ となります。これを整理すると $x=4y$ となります。$x=4y$ を $25 = (x+y) \times 1$ に代入すると、$25 = 4y+y$ より、$y=5$[km/時] となります。

　よって、正解は **2** です。

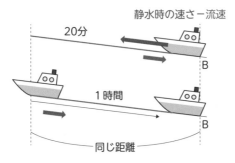

第1編

第5章

速さ

185

第6章

場合の数・確率

第1節 場合の数の基本

起こり得るすべてのパターン数を過不足なく数え上げる問題です。
重複や漏れのないよう数える方法を学習しましょう。

例題43

(1) 大小2つのサイコロを振ったとき、2つのサイコロの目の和が5ま
たは8になる場合は何通りあるか。

(2) 大小2つのサイコロを振ったとき、2つのサイコロの目の和が3以
下または3の倍数になる場合は何通りあるか。　　　　オリジナル

まず、"場合"の"数"っていうのが何のことかよくわからないニャ…。

例題を考えながらいっしょに確認していくニャ！

　特定の状況で起こり得る「場合」の総数を場合の数といいます。例えば1〜
6の目のあるサイコロを1つ振ったとき、出る目の場合の数は6（6通り）で
す。

| 1が出る場合 | 2が出る場合 | 3が出る場合 | 4が出る場合 | 5が出る場合 | 6が出る場合 | ➡ 6通り |

　では、例題にある2つのサイコロを振ったときの状況について、まず(1)から
考えてみましょう。

2つのサイコロの目の和が5になる組合せは何があるニャ?

1+4=5と2+3=5の2通りがあるニャ!

ちょっと待つニャ!

例えば1と4の組合せで和が5になる場合には、大きいサイコロが1で小さいサイコロが4である場合と、大きいサイコロが4で小さいサイコロが1である場合の2通りがあり、**これらは区別して数えます。**

ニャるほど! つまり、こういうことになるニャ!

		目の和が5					
		小					
		1	2	3	4	5	6
大	1	2	3	4	5	6	7
	2	3	4	5	6	7	8
	3	4	5	6	7	8	9
	4	5	6	7	8	9	10
	5	6	7	8	9	10	11
	6	7	8	9	10	11	12

4通り

		目の和が8					
		小					
		1	2	3	4	5	6
大	1	2	3	4	5	6	7
	2	3	4	5	6	7	8
	3	4	5	6	7	8	9
	4	5	6	7	8	9	10
	5	6	7	8	9	10	11
	6	7	8	9	10	11	12

5通り

4通りと5通りで、合わせて9通りになるニャ!

そうニャ! これが"場合"の"数"の数え方ニャ! ここで1つ、大事な考え方があるニャ!

第1節 場合の数の基本 189

第1編

第6章 場合の数・確率

2つの事象Aと事象Bが同時に起こらないとき、事象Aの起こり方が a [通り]、事象Bの起こり方が b [通り]あれば、事象Aまたは事象Bが起こる場合の数は $(a+b)$ [通り]です。

これを、和の法則といいます。

例題の場合、「目の和が5になる」という事象の起こり方が4通り、「目の和が8になる」という事象の起こり方が5通りあり、これらは同時に起こらないので、「目の和が5または8になる」という事象の場合の数は4+5＝9[通り]となります。

「または」、「もしくは」などでつながっていて「同時に起こらない」なら足し算する、と考えたらいいニャ！

同様にして、次は(2)の「和が3以下または3の倍数になる場合」を考えてみます。

これも、「3以下になる場合」と「3の倍数になる場合」を調べてみるニャ！

目の和が3以下

		小					
		1	2	3	4	5	6
大	1	2	3	4	5	6	7
	2	3	4	5	6	7	8
	3	4	5	6	7	8	9
	4	5	6	7	8	9	10
	5	6	7	8	9	10	11
	6	7	8	9	10	11	12

3通り

目の和が3の倍数

		小					
		1	2	3	4	5	6
大	1	2	3	4	5	6	7
	2	3	4	5	6	7	8
	3	4	5	6	7	8	9
	4	5	6	7	8	9	10
	5	6	7	8	9	10	11
	6	7	8	9	10	11	12

12通り

できたニャ！　３通りと12通りだから15通りになるニャ！

焦っちゃダメニャ！　表をよく見て考えるニャ！

　目の和が３である２つの場合が、**左右の表で重複して数えられています。**目の和が３のとき、「目の和が３以下になる」という事象と「目の和が３の倍数になる」という事象が**同時に起こっている**ため、和の法則をそのまま当てはめられません。

つまり、重複して数えられた２つの場合を引けばいいニャ！

　求める場合の数は、$3 + 12 - 2 = 13$[通り]となります。

$$\boxed{\text{正　解}}\ (1)\ 9\text{通り}\quad (2)\ 13\text{通り}$$

あるレストランのランチメニューでは、パスタ、ピザ、ステーキ、カレーの中から食事を1種類、さらにコーヒー、紅茶の中からドリンクを1種類選ぶことができる。このとき、何通りの選び方があるか。

オリジナル

今度はさっきとちょっと違うニャ…。

　今回は、1つの事象からさらに枝分かれがあるニャ！ こんなときは樹形図を描くといいニャ！

食事とドリンクの選び方を樹形図で表してみると、次のようになります。

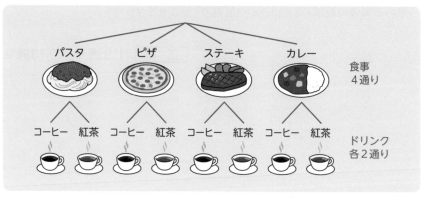

　食事の選び方が4通りあり、**この4通りのそれぞれに対して2通りずつドリンクの選び方がある**ことがわかります。よって、選び方は$4 \times 2 = 8$[通り]となります。

　ここでも1つ、大事な考え方があるニャ！

STUDY 積の法則

　2つの事象Aと事象Bがあり、事象Aの起こり方が a［通り］あり、そのそれぞれに対して事象Bの起こり方が b［通り］ずつあれば、事象Aと事象Bがともに起こる場合の数は、$(a \times b)$［通り］となります。

　これを積の法則といいます。

　例題の場合、「食事を選ぶ」という事象の起こり方が4通りあり、**そのそれぞれに対して**「ドリンクを選ぶ」という事象の起こり方が2通りずつあるため、「食事を選び、**さらに**ドリンクを選ぶ」という事象の場合の数は4×2＝8［通り］となります。

「さらに」、「かつ」などでつながっているなら**かけ算する**、と考えたらいいニャ！

正　解 **8通り**

例題45

A、B、Cの3文字を一列に並べるとき、並べ方は何通りあるか。

オリジナル

これも樹形図で書き出してみるニャ！

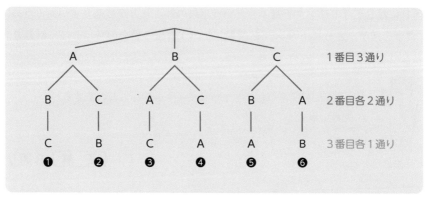

上から順に、1番目の文字、2番目の文字、3番目の文字とすると、1番目はA、B、Cの3つの文字から選びます。次に、2番目は1番目に選ばなかった2つの文字から選びます。最後に3番目は1番目にも2番目にも選ばなかった1つの文字を選びます。

さっき出てきた積の法則で考えると、3×2×1＝6[通り]になるニャ！

そのとおりニャ！

この例題で3文字を一列に並べる場合の数について、3×2×1という計算をしました。このように、**1から _n_ までの整数をすべてかけ算したもの**を階乗といい、_n_!と表します。

STUDY 異なる n 個のものを一列に並べる

　異なる n 個のものを一列に並べるときの場合の数は、$n!$［通り］となります。

$$n! = \underbrace{n \times (n-1) \times (n-2) \times (n-3) \times \cdots 1}_{n \text{から1つずつ数を減らして1までかける}}$$

例）「A、B、C、D、Eの5文字を一列に並べるときの場合の数」は、
　　$5! = 5 \times 4 \times 3 \times 2 \times 1 = 120$［通り］

正 解　6通り

例題46

(1) 1、2、3、4の数字が1つずつ書かれた4枚のカードがある。このうち2枚を選んで2桁の整数を作るとき、何通りの整数ができるか。

(2) 0、1、2、3の数字が1つずつ書かれた4枚のカードがある。このうち2枚を選んで2桁の偶数を作るとき、何通りの整数ができるか。

オリジナル

今回は、4枚のカードすべてじゃなくて2枚だけ使うのがポイントニャ！

とりあえず(1)について樹形図を描いてみるニャ！

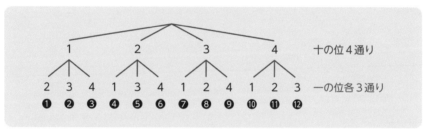

十の位のカードは1〜4の4枚から選び、一の位のカードは十の位に選ばなかった3枚から選びます。

積の法則で考えると、4×3＝12[通り]になるニャ！

この例題では、1、2、3、4の数字が書かれた異なるカードから2枚を選んで並べるときの場合の数が問われています。このように、**順番をつけて並べるときの場合の数**を順列といいます。

STUDY 異なる n 個のものから r 個選んで一列に並べる

異なる n 個のものから r 個選んで一列に並べるときの場合の数は、${}_n\mathrm{P}_r$ ［通り］となります。

$$\underset{n\, \text{から始めて1つずつ数を減らして}\,r\,\text{個かける}}{{}_n\mathrm{P}_r = n \times (n-1) \times (n-2) \times (n-3) \times \cdots}$$

例）「1〜4の数字が書かれた4枚のカードから3枚を選んで3桁の数字を作るときの場合の数」は、${}_4\mathrm{P}_3 = 4 \times 3 \times 2 = 24$［通り］

(2)の場合は、作れる数に制限がある点に注意が必要ニャ！

4枚のカードを使って2桁の整数を作るのは同じですが、**「偶数」という条件があるため一の位に制限があり、十の位にも「0」を置けない**という制限があります。この点を考慮して樹形図を描いてみます。

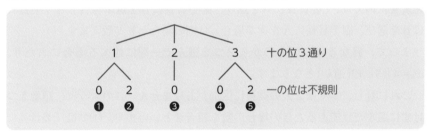

十の位の数は「0」を除いた3枚のカードから選び、一の位は「0」か「2」のカードから選びます。十の位に「2」を選んでいると、偶数が「0」しか残らないため、「20」の1種類しか整数を作れません。よって、上のとおり作れる整数は5通りとなります。

このように、条件が加わると**樹形図が規則的な形にならない**ことがあります。単純に積の法則を使わずに、慎重に樹形図に描き出すことも考えてみましょう。

正 解 (1)12通り (2)5通り

(1) A、B、C、Dの4人から委員長と副委員長を1人ずつ選ぶとき、選び方は何通りか。

(2) A、B、C、Dの4人から委員を2人選ぶとき、選び方は何通りか。

オリジナル

どっちも4人から2人を選んでるニャ。2つの問題の違いがよくわからないニャ…。

この違いは場合の数でとても大事なポイントニャ！ 1問ずつきちんと考えてみるニャ！

前の例題で「1〜4の4枚のカードから2枚を選ぶ」を考えたとき、十の位として選ぶ1枚と一の位として選ぶ1枚を区別して並べていました。この例題の(1)も同様に、**委員長として選ぶ人物と副委員長として選ぶ人物を区別して考えます**。例えば、「委員長にAを選び、副委員長にBを選ぶ場合」と「委員長にBを選び、副委員長にAを選ぶ場合」は別の場合として数えます。

よって、**異なる4つのものから2つを選んで一列に並べる場合**に当たり、${}_4P_2 = 4 \times 3 = 12$［通り］となります。

これに対し、(2)では**2人の委員に区別がありません**。このように、**順番をつけずに選ぶだけであるときの場合の数**を組合せといいます。(1)では「委員長にAを選び、副委員長にBを選ぶ場合」と「委員長にBを選び、副委員長にAを選ぶ場合」を区別しましたが、(2)では「委員にAとBを選ぶ場合」と「委員にBとAを選ぶ場合」を区別しません。

このため、次のような計算をします。

STUDY 異なる n 個のものから r 個選ぶ

> 異なる n 個のものから r 個選ぶときの場合の数は、$_nC_r$[通り]となります。
>
> n から始めて1つずつ数を減らして r 個かける
> $$_nC_r = \frac{\overbrace{n \times (n-1) \times (n-2) \times (n-3) \times \cdots}}{\underbrace{r \times (r-1) \times (r-2) \times (r-3) \times \cdots 1}}$$
> r から1つずつ数を減らして1までかける
>
> 例)「A〜Fの6人から委員を3人選ぶときの場合の数」は、$_6C_3$
> $$= \frac{6 \times 5 \times 4}{3 \times 2 \times 1} = 20\,[通り]$$

A、B、C、Dの4人から委員を2人選ぶのは、異なる4個のものから2個選ぶことに当たるため、$_4C_2 = \dfrac{4 \times 3}{2 \times 1} = 6\,[通り]$ となります。

実際にそれぞれ書き出してみると次のとおりです。

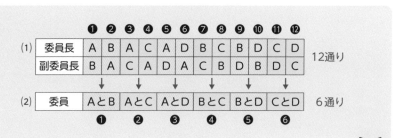

順列と組合せの使い分けがよくわからないニャ…！

基本的に、「選んで並べる」のが順列(P)、「選ぶだけで並べない」のが組合せ(C)と考えればいいニャ！
ちなみに、$_nC_r$ の計算について覚えておくと楽になることがあるニャ！

❶ ${}_n\text{C}_1 = n$

例) 4人の中から1人を選ぶ $\Rightarrow {}_4\text{C}_1 = 4$[通り]

❷ ${}_n\text{C}_n = 1$

例) 5人の中から5人を選ぶ $\Rightarrow {}_5\text{C}_5 = 1$[通り]

❸ ${}_n\text{C}_r = {}_n\text{C}_{n-r}$

例) 10人の中から8人を選ぶ $\Rightarrow {}_{10}\text{C}_8 = {}_{10}\text{C}_2 = 45$[通り]

❸は、選ばれた8人の組合せを数えるのと選ばれなかった2人の組合せを数えるのが同じであるためです。

$\boxed{\text{正　解}}$ (1)12通り　(2)6通り

例題48

(1) 男性4人、女性3人の計7人から男性2人、女性1人を選ぶとき、選び方は何通りか。

(2) 男性4人、女性3人の計7人から同性のみで3人を選ぶとき、選び方は何通りか。 **オリジナル**

どちらも7人から3人を選ぶ問題ニャ…。

これも3人を選ぶのは同じだけど、違いをきちんと理解してほしい例題ニャ！

まず、男性4人をA、B、C、D、女性3人をa、b、cとします。このように、人物については性別の情報しかなくても各人を区別して扱います。

(1)は、まず男性4人のうち2人を選びます。**選ばれる2人に順番はないので組合せの場合の数を数えればよく**、$_4C_2 = \dfrac{4 \times 3}{2 \times 1} = 6$[通り]です。**さらに、この6通りのそれぞれについて**女性1人の選び方が$_3C_1 = 3$[通り]ずつあります。

よって、積の法則により$6 \times 3 = 18$[通り]となります。

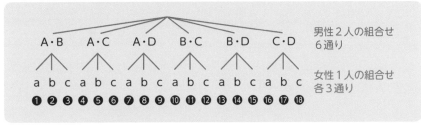

(2)について、同性の3人の組合せは、**男性のみ3人選ばれる組合せ、または女性のみ3人選ばれる組合せ**です。このうち男性4人のうち3人を選ぶ組合せの場合の数は、男性4人のうち選ばれない1人の場合の数と等しいので、$_4C_3 = _4C_1 = 4$[通り]となります。また、女性は3人しかいないので、女性のみ3人を選ぶ組合せの場合の数は$_3C_3 = 1$[通り]です。

第1編

第6章 場合の数・確率

「男性3人が選ばれる」という事象と「女性3人が選ばれる」という事象は**同時には起こらない**ので、和の法則により4+1=5[通り]です。

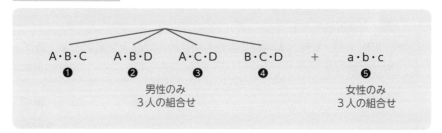

(1)の「3人のうち2人まで選び、さらに残りの1人を選ぶ」のような計算では、**3人選び終えるまで積の法則でかけ算**します。(2)の「3人選ぶ方法の1つ目、または3人選ぶ方法の2つ目」のような計算では、**3人選び終えた場合の数どうしを和の法則で足し算**します。

正 解 (1)**18通り** (2)**5通り**

例題49

> 男性4人、女性4人の計8人から3人の委員を選ぶとき、少なくとも
> 1人は女性が含まれる場合は何通りか。　　　　　　オリジナル

「少なくとも1人は」といわれると困ってしまうニャ…。女性が1
人と2人と3人の場合があるニャ…。

こんなときは、ちょっと工夫して考えてみるといいニャ!

　「少なくとも1人は女性が含まれる場合」には、「女性が1人で男性が2人の
場合」、「女性が2人で男性が1人の場合」、「女性が3人で男性が0人の場合」
があり、それぞれ計算する手間がかかってしまいます。このような場合には、
すべての場合の数から「**条件を満たさない場合の数**」**を引く**ことで効率的に正
解を求めることもできます。

「少なくとも1人は女性が含まれる」という条件を満たさないのは
どんな場合かわかるニャ?

わかったニャ! 3人とも男性が選ばれる場合ニャ!

　まず、すべての場合の数は、8人から3人を選ぶ組合せの数なので、${}_8C_3 = \dfrac{8 \times 7 \times 6}{3 \times 2 \times 1} = 56$[通り]です。一方、3人とも男性を選ぶ組合せの数は4人の男性
の中から3人の男性を選ぶ組合せの数なので、${}_4C_3 = {}_4C_1 = 4$[通り]です。
　よって、「少なくとも1人は女性が含まれる場合」は$56 - 4 = 52$[通り]です。

　ある事象に対して、それが起こらないという事象のことを余事象といいます。例えばサイコロを3回振って「1回以上1の目が出る」（少なくとも1回は1の目が出る）という事象を考えるとき、「1の目が1回出る」、「1の目が2回出る」、「1の目が3回出る」という場合の数をすべて考えるよりも、余事象である「1の目が1回も出ない」という場合を考え、すべての場合の数から引くほうが計算が簡単になります。

　このように、「…以上の場合」、「少なくとも…の場合」、といった条件がある問題ではこの余事象をうまく利用すると計算が簡単になることがあります。

　　（条件を満たす場合の数）＝

　　　　　　（すべての場合の数）−（条件を満たさない場合の数）

正 解 **52通り**

第2節 場合の数の応用

ここでは、特別な条件のある場合の数の数え方を学習します。
第1節で学習した内容をベースに、解法を見ていきましょう。

例題50

(1) A、A、Bの3文字を一列に並べるとき、並べ方は何通りあるか。

(2) A、A、A、B、B、Cの6文字を一列に並べるとき、並べ方は何通りあるか。

(3) A、B、C、Dの4文字を一列に並べるとき、AとBが連続する並べ方は何通りあるか。

オリジナル

文字の中に同じものが含まれててややこしいニャ…。

(1)にある2つの「A」、(2)にある3つの「A」と2つの「B」は、**区別できないもの**として扱います。

仮に、(1)にある2つのAを色分けして区別してみると、下のように3! = 6[通り]となります。実際には2つのAを区別することはできないので、**6通りのうち3通りは重複して数えられています**。このため、6通りを「2つのA」の並び順である2! = 2[通り]で割る必要があります。

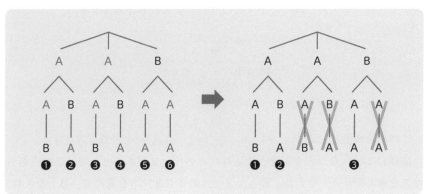

> A を p 個、B を q 個、C を r 個…含む n 個のものを一列に並べるときの場合の数は、$\dfrac{n!}{p! \times q! \times r! \times \cdots}$［通り］となります。

　上記の式は**n 個すべてを一列に並べるとき**に使うものですので注意しましょう。

　(1)には 3 つの文字がありますが、「**A」を 2 個含んでいる**ため、計算すると

$\dfrac{3!}{2!} = \dfrac{3 \times 2 \times 1}{2 \times 1} = 3$［通り］となります。同様に、(2)には 6 つの文字があり

ますが、「**A」を 3 個、「B」を 2 個含んでいる**ため、計算すると $\dfrac{6!}{3! \times 2!} =$

$\dfrac{6 \times 5 \times 4 \times 3 \times 2 \times 1}{3 \times 2 \times 1 \times 2 \times 1} = 60$［通り］となります。

> 複雑な感じがしたけど、計算はそれほど難しくなかったニャ！

> ちなみに、組合せの考え方を使って次のように解くこともできるニャ！

　(1)は、3 つの文字を書き込むための 3 マスがあるとして、このうち 2 マスを選んで「A」を入れ、残った 1 マスに「B」を入れると考えます。

3マス中　　　　残った
2マスに「A」　　1マスに「B」

　この場合の数は、${}_3C_2 \times {}_1C_1 = {}_3C_1 \times {}_1C_1 = 3 \times 1 = 3$［通り］と計算できます。

　同様に(2)は、6 つの文字を書き込むための 6 マスがあるとして、このうち 3 マスを選んで「A」を入れ、残った 3 マスのうち 2 マスを選んで「B」を入れ、

最後に残った1マスに「C」を入れると考えます。

| | A | A | | A | |

→

| B | A | A | B | A | |

→

| B | A | A | B | A | C |

6マス中3マスに「A」　　残った3マス中2マスに「B」　　最後に残ったマスに「C」

この場合の数は、$_6C_3 \times _3C_2 \times _1C_1 = _6C_3 \times _3C_1 \times _1C_1 = \dfrac{6 \times 5 \times 4}{3 \times 2 \times 1} \times 3 \times 1 = 20 \times 3 \times 1$

$= 60$［通り］と計算できます。

最後の(3)は、並べ方に制約があるニャ…。

(3)のような場合は、連続させる必要のある「A」と「B」を **1つにまとめて** 「X」とし、**X、C、Dの3文字を一列に並べる** ことを考えてみましょう。

それなら簡単ニャ！異なる3つのものを一列に並べるから$3! = 3 \times 2 \times 1 = 6$［通り］ニャ！

ここで、もう一度「X」を「A」と「B」に戻して考えるニャ！

6通りのそれぞれについて、「AB」の並べ方と「BA」の並べ方があるので、 この$2! = 2$［通り］の並べ方をかけて、$6 \times 2 = 12$［通り］となります。

正 解　(1)3通り　(2)60通り　(3)12通り

第1編

第6章 場合の数・確率

A、B、C、D、Eの5文字が1つずつ書かれた5枚のカードがある。このうち3枚を選んでアルファベット順に並べるとき、何通りの並べ方があるか。

オリジナル

 これは簡単ニャ！ 5枚から3枚を選んで並べるから、₅P₃＝5×4×3 ＝60［通り］ニャ！

実はそうじゃないニャ！ 問題文の表現に惑わされないようにするニャ！

問題文に「選んで」、「並べる」とあるので一見順列の計算をすればよいように思えます。しかし、**「アルファベット順」という条件があることから、選んだ段階で並び順は1通りしかありません。**

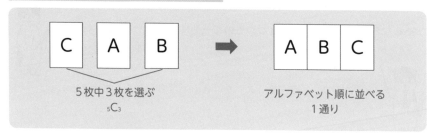

5枚中3枚を選ぶ
₅C₃

アルファベット順に並べる
1通り

よって、$_5C_3 = \dfrac{5 \times 4 \times 3}{3 \times 2 \times 1} = 10$［通り］となります。例えば、A、B、Cの3枚を選んだ段階で、並び順は「ABC」の1通りしかありません。ここで$_5P_3$としてしまうと、「BAC」や「CBA」などアルファベット順ではない並び方もすべて数えてしまうことになります。

実際の作業において、**選んだ後に並べ方を考える必要があるかどうかを考え、**選ぶだけで並べる必要がない（並べ方が1通りしかない）なら、問題文に「並べる」と書いてあっても「組合せ」の計算をします。

正 解 **10通り**

例題52

　ある青果店でリンゴ、もも、みかんを合わせて4個買うことを考える。青果店にはリンゴ、もも、みかんのすべてについて十分な個数があり、1個も買わない果物があってもよいとき、何通りの買い方があるか。

オリジナル

　青果店には複数のリンゴ、もも、みかんがありますが、例えばリンゴの個体どうしは <u>区別ができないもの</u> と考えます。買う果物の順番は関係ないため「組合せ」の数が問われていますが、<u>同じ種類のものを重複して2個以上含んでもよい</u>点がこれまでと異なります。このような組合せを重複組合せといい、例えば「リンゴ・リンゴ・もも・みかん」のような買い方をしてもかまいません。

　また、この例題では「<u>1個も買わない果物があってもよい</u>」とあるため、例えば「リンゴ・リンゴ・リンゴ・もも」のようにみかんを含まない買い方をすることもできます。

> いろいろな買い方がありすぎて、どうやって解いたらいいかわからないニャ…。

> これもちょっとしたコツで簡単に解けるようになるから大丈夫ニャ！

　この例題ではリンゴ、もも、みかんを合わせて4個買います。このとき、3種類の果物の間を区切るための **2本の「仕切り」** があると考えます。

　4個の果物と、果物の間に入れる2本の仕切りを合わせて「○○○○｜｜」という6つの記号で果物の買い方を表してみます。「リンゴの個数｜ももの個数｜みかんの個数」の順に表すと、例えば「○｜○○｜○」はリンゴを1個、ももを2個、みかんを1個買うことを表し、「○○｜｜○○」はリンゴを2個、ももを0個、みかんを2個買うことを表します。このように、「○○○○｜｜」の配置によって **すべての買い方を表すことができます。**

　つまり、4個の果物と2本の仕切りを入れるための6つのマスがあり、この

うち2マスに「｜」を入れると残りの4マスに「○」が入り、3種類の果物の買い方が決まります。例題が問うているのは、この仕切りの入れ方にほかならないため、6マスのうち仕切りの「｜」を入れる2マスの組合せ、さらに残り4マスに「○」を入れる組合せ、つまり$_6C_2 \times {}_4C_4 = \dfrac{6 \times 5}{2 \times 1} \times 1 = 15$[通り]となります。

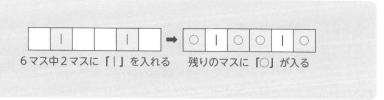

6マス中2マスに「｜」を入れる　残りのマスに「○」が入る

ちなみに、「同じものを含む順列」と捉えて解くこともできるニャ！

「○○○○｜｜」の並べ方を、6個のうち「○」を4個、「｜」を2個含む順列と考えて計算すると、$\dfrac{6!}{4! \times 2!} = \dfrac{6 \times 5 \times 4 \times 3 \times 2 \times 1}{4 \times 3 \times 2 \times 1 \times 2 \times 1} = 15$[通り]となり、同じ答えを出すことができます。

どちらか、自分にしっくりくるほうで解けるようにしておけばいいニャ！

正　解　15通り

例題53

　ある青果店でリンゴ、もも、みかんを合わせて４個買うことを考える。青果店にはリンゴ、もも、みかんのすべてについて十分な個数があり、４個のうちリンゴを１個以上買うとき、何通りの買い方があるか。

オリジナル

今度はリンゴを１個買わなきゃいけないから、さっきの解き方が使えないニャ…。

これも見方を変えれば難しくないニャ！

　１個以上のリンゴを買わなければならないことが決まっているので、**リンゴ１個についてはすでに買ったものとしてしまい、残り３個の果物を買う組合せを考えます**。

　先ほどと同じく仕切りを使って考えると、今回は３個の果物と２個の仕切りを合わせた「〇〇〇｜｜」の５つの記号があるものとします。５つのマスがあり、そのうち２マスに仕切りを入れると、残りの３マスに果物が入りますから、

$$_5C_2 \times {}_3C_3 = \frac{5 \times 4}{2 \times 1} \times 1 = 10 \,[通り]\,となります。$$

　「〇〇〇｜｜」を同じものを含む順列として考えて、５個のうち「〇」を３個、「｜」を２個含む順列を計算すると、$\dfrac{5!}{3! \times 2!} = \dfrac{5 \times 4 \times 3 \times 2 \times 1}{3 \times 2 \times 1 \times 2 \times 1} = 10\,[通り]$

となり、同じ答えを出すことができます。

【 正　解 】 10通り

確　率

確率は、場合の数の理解をベースにすると取り組みやすい分野です。
出題は多いので基本問題の解き方をきちんとマスターしましょう。

例題54

　大小2つのサイコロを振ったとき、2つのサイコロの目の和が10になる確率はいくらか。　　　　　　　　　　　　　　　　　オリジナル

場合の数の例題と似てるニャ…。場合の数と確率はどう違うニャ？

似てるけど違うニャ！　まずは違いをきちんと理解するニャ！

確率（かくりつ）は $\dfrac{条件を満たす場合の数}{すべての場合の数}$ で表され、**特定の事象が起こることについての確からしさ**を意味します。例えば1〜6の目のあるサイコロを1つ振ったとき、出る目の場合の数は6（6通り）でした。このうち、1の目が出る確率は $\dfrac{1}{6}$ となります。

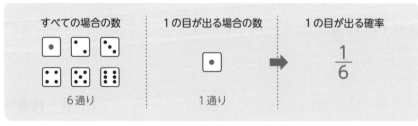

すべての場合の数	1の目が出る場合の数	1の目が出る確率
6通り	1通り	$\dfrac{1}{6}$

確率は割合だから、**分数**や少数、%で表されることになるニャ！

この例題が求めている $\dfrac{\text{目の和が}10\text{になる場合の数}}{\text{すべての場合の数}}$ を調べてみると、次のようになります。

すべての場合の数						
				小		
		1	2	3	4	5	6
大	1	2	3	4	5	6	7
	2	3	4	5	6	7	8
	3	4	5	6	7	8	9
	4	5	6	7	8	9	10
	5	6	7	8	9	10	11
	6	7	8	9	10	11	12

36通り

目の和が10						
				小		
		1	2	3	4	5	6
大	1	2	3	4	5	6	7
	2	3	4	5	6	7	8
	3	4	5	6	7	8	9
	4	5	6	7	8	9	10
	5	6	7	8	9	10	11
	6	7	8	9	10	11	12

3通り

よって、$\dfrac{\text{目の和が}10\text{になる場合の数}}{\text{すべての場合の数}} = \dfrac{3}{36} = \dfrac{1}{12}$ となります。

正解 $\dfrac{1}{12}$

表裏のあるコインを３回投げたとき、表が２回出る確率はいくらか。

オリジナル

これは簡単ニャ！ 表が出る回数について３回、２回、１回、０回の４通りあるから、$\frac{1}{4}$ が正解ニャ！

そんなに単純じゃないニャ！ 詳しく考えてみるニャ！

　まず、「すべての場合の数」について考えます。例えば「３回投げたうち、表が１回出る」という場合も、**「１回目に表が出る場合」**、**「２回目に表が出る場合」**、**「３回目に表が出る場合」** を区別して扱います。

　１回目に出る目の場合の数は表と裏の２通りあり、そのそれぞれについて２回目に出る目の場合の数が同様に２通り、さらにそのそれぞれについて３回目に出る目の数が同様に２通りあるため、積の法則により2×2×2＝8[通り]となり、これが「すべての場合の数」となります。実際に書き出すと次のとおりです。

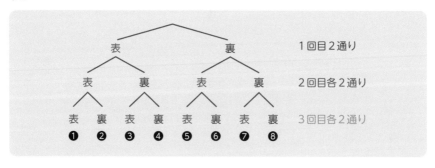

　このうち、**表が２回出ている場合が３通り**あるため、求める確率は $\frac{3}{8}$ です。

正 解 $\frac{3}{8}$

例題56

中身の見えない袋の中に赤玉4個と青玉5個が入っている。この袋の中から3個の玉を取り出すとき、次の問いに答えよ。

(1) 赤玉が2個、青玉が1個取り出される確率はいくらか。

(2) 青玉が少なくとも1個取り出される確率はいくらか。　　オリジナル

ちょっと複雑な条件になってきたニャ…。

これまでの知識をきちんと使えば大丈夫ニャ！ 落ち着いて見ていくニャ！

　まず、「すべての場合の数」を計算してみます。取り出す順番については指定がないため、**3個の玉の組合せの数**を考えればいいことがわかります。

　すると、全部で9個の玉から3個を取り出すので「すべての場合の数」は

$_9C_3 = \dfrac{9 \times 8 \times 7}{3 \times 2 \times 1} = 84$［通り］となります。

　次に、(1)の「赤玉が2個、青玉が1個取り出される」場合を考えます。4個ある赤玉のうち2個を取り出し、**さらに**5個ある青玉のうち1個を取り出すので、**積の法則**によって2つの組合せをかけ算します。すると、$_4C_2 \times _5C_1 = \dfrac{4 \times 3}{2 \times 1}$

$\times 5 = 30$［通り］となります。

　よって、「赤玉が2個、青玉が1個取り出される確率」は、$\dfrac{30}{84} = \dfrac{5}{14}$ となります。

「2個選んで、さらに1個選ぶ」のようなときは**選び終わるまでかけ算**だったニャ！

次の(2)についても、前に学習した考え方を使えるニャ！

(2)の「青玉が少なくとも 1 個取り出される」場合には、赤玉 0 個・青玉 3 個の場合、赤玉 1 個・青玉 2 個の場合、赤玉 2 個・青玉 1 個の場合があります。ただ、 3 つの場合を計算するのではなく、**条件を満たさない場合を求めて「すべての場合の数」から引く**ことで求めることもできます。

「青玉が少なくとも 1 個取り出される」という条件を満たさないのはどんな場合ニャ？

3 個とも赤玉だった場合ニャ！

3 個とも赤玉だった場合、つまり**「青玉が少なくとも 1 個取り出される」場合の余事象**に当たる場合は、 4 個の赤玉から 3 個を取り出すので、$_4C_3 = {}_4C_1 = 4$[通り]です。「すべての場合の数」は84通りでしたから、条件を満たさない場合の数を引くことで、「青玉が少なくとも 1 個取り出される」場合は$84 - 4 = 80$[通り]となります。

よって、求める確率は$\dfrac{80}{84} = \dfrac{20}{21}$となります。

ちなみに、同じことを別の方法で計算することもできるニャ！

3 個とも赤玉である場合の数は$_4C_3$より 4 通りなので、確率は$\dfrac{4}{84} = \dfrac{1}{21}$となります。これを 1 から引くことでも求める確率を計算できます。つまり、$1 - \dfrac{1}{21} = \dfrac{20}{21}$としてもかまいません。

$\boxed{\text{正　解}}$ (1) $\dfrac{5}{14}$　(2) $\dfrac{20}{21}$

例題57

> サイコロを4回振ったとき、1の目が3回出る確率はいくらか。
>
> オリジナル

> 今回は、「4回中3回1が出る」確率を考えるニャ！

サイコロを振って1の目が出る確率は$\frac{1}{6}$、1の目以外の5つの目が出る確率は$\frac{5}{6}$です。

「4回振って1の目が3回出る」というのは、「**4回のうち1の目が3回出て、1以外の目が1回出る**」ことになりますが、「1以外の目」が何回目に振ったときに出たかによって、以下の4通りに分けることができます。

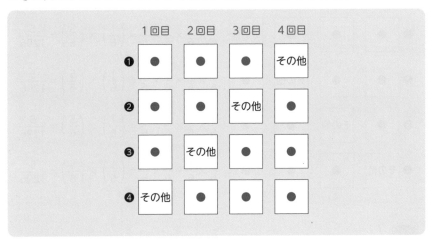

> 4通りに分かれることはわかったニャ！でもこの確率をどうやって計算するニャ？

例えば❶について見ると、1回目に$\dfrac{1}{6}$の確率で1の目が出て、さらに2回目に$\dfrac{1}{6}$の確率で1の目が出て、さらに3回目に$\dfrac{1}{6}$の確率で1の目が出て、さらに4回目に$\dfrac{5}{6}$の確率で1以外の目が出ています。このような場合はそれぞれの確率をかけ算でつないでいくことで、❶の事象が起こる確率を求められます。❶の確率は$\dfrac{1}{6} \times \dfrac{1}{6} \times \dfrac{1}{6} \times \dfrac{5}{6} = \left(\dfrac{1}{6}\right)^3 \times \left(\dfrac{5}{6}\right) = \dfrac{5}{1296}$となります。❷〜❹についても同様に計算すると、すべて$\dfrac{5}{1296}$になることがわかります。

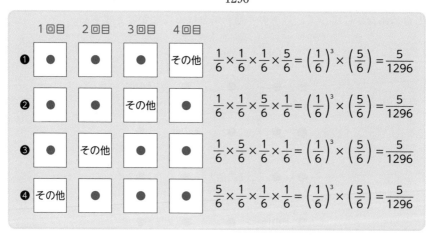

　❶〜❹の確率がそれぞれ計算できたニャ！ この後、どうすればいいかわかるニャ？

わかったニャ！ **和の法則**を使えばいいニャ！

❶〜❹の事象は**同時には起こらない**ので、場合の数と同様に足し算すると、例題の条件を満たす確率を求めることができます。計算すると、$\dfrac{5}{1296}+\dfrac{5}{1296}+\dfrac{5}{1296}+\dfrac{5}{1296}=\dfrac{20}{1296}=\dfrac{5}{324}$ となります。

このとき、❶〜❹はすべて同じ確率なので、$\dfrac{5}{1296}+\dfrac{5}{1296}+\dfrac{5}{1296}+\dfrac{5}{1296}$ とせず、$\dfrac{5}{1296}×4$ としてしまって問題ありません。ただ、形としてはかけ算しているものの、**同時には起こらない事象を和の法則によって足し合わせている**ことを理解しておきましょう。

STUDY 確率における和の法則・積の法則

> 2つの事象Aと事象Bが同時に起こらないとき、事象Aの起こる確率が a、事象Bの起こる確率が b であれば、事象Aまたは事象Bが起こる確率は $(a+b)$ です。
>
> 2つの事象Aと事象Bがともに起こり得るとき、事象Aの起こる確率が a、事象Bが起こる確率が b であれば、事象Aさらに事象Bが起こる確率は $(a×b)$ です。

$\boxed{\text{正　解}}\ \dfrac{5}{324}$

　0、1、2、3、4、5、6の数字が書いてある7枚のカードがある。その
うちの3枚を使って3桁の整数を作るとき、偶数は何通りできるか。

裁判所 2020

1 　120通り

2 　115通り

3 　110通り

4 　105通り

5 　100通り

HINT　選び方に制限がある場合

　「偶数」という条件から生じる制限、「0」を配置できない桁があるとい
う制限などにより全体の樹形図が規則的な形にならない場合があります。

　不規則な部分に注意しながら樹形図を描くか、制限の大きいところに着
目してそれぞれの場合の数を考えてみましょう。

　偶数であるには、**一の位が0、2、4、6のいずれか**であることが必要です。他の位の数字よりも使える数字が限られているので、まずは一の位から考えるとよいでしょう。

　ただし、**百の位にも0が使えない**という制限があり、一の位で0を使うかどうかで百の位で使える数字の個数が変わります。

　まず一の位で0を使う場合、百の位の数は1〜6の**6通り**考えられます。**さらに**、そのそれぞれについて十の位の数として、一の位と百の位に使った2つの数字以外の**5通り**があります。

　よって**積の法則**により、「一の位が0」の3桁の偶数は、1×6×5＝30[通り]となります。

一の位	百の位	十の位
1	× 6	× 5	＝ 30[通り]
通り	通り	通り
「0」のみ	1〜6	

　次に一の位に2を使う場合ですが、百の位には0を使えないので、1、3、4、5、6の**5通り**考えられます。**さらに**、そのそれぞれについて十の位の数として、一の位と百の位に使った2つの数字以外の**5通り**があります。

　よって**積の法則**により、「一の位が2」の3桁の偶数は、1×5×5＝25[通り]となります。

一の位	百の位	十の位
1	× 5	× 5	＝ 25[通り]
通り	通り	通り
「2」のみ	「0」と「2」以外	

　一の位に4、6を使う場合もこれと同じく25通りずつとなります。

　一の位に0、2、4、6を使う場合はいずれも**同時には起こらない**ので、**和の法則**により3桁の偶数となる場合の数は、30＋25＋25＋25＝105[通り]となるので、正解は**4**です。

問題 **42**

　あるレストランには、前菜、肉料理、魚料理、サラダ、スープ、デザートの6種類の料理がある。これらのうちから、2種類以上を組み合わせて食事をするとき、その組合せは何通りか。

　ただし、サラダ、スープ、デザートのうちから、2種類以上を選択することはないものとする。

国家専門職 2019

1　22通り

2　25通り

3　28通り

4　31通り

5　34通り

　制限のない前菜、肉料理、魚料理をＡグループ、2種類以上選択できないサラダ、スープ、デザートをＢグループとして分けておきます。すると、**Ｂから1種類を選ぶ場合と1種類も選ばない場合がある**ことがわかります。

　まずＢから1種類選ぶ場合、ＡとＢ合わせて2種類以上選ぶ必要があるので、**Ａからは1種類以上選択する必要があります。**

　するとＡについて、「前菜、肉料理、魚料理」、「前菜、肉料理」、「前菜、魚料理」、「肉料理、魚料理」、「前菜」、「肉料理」、「魚料理」の7通りの選び方があります。

　さらに、そのそれぞれに対して、Ｂから「サラダ」、「スープ」、「デザート」の3通りずつの選び方があります。よって**積の法則**より、ＡとＢを合わせて7×3＝21［通り］の選び方があります。

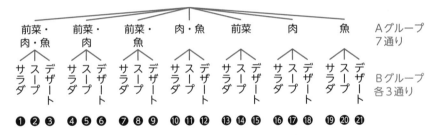

　次にＢからは選ばない場合、Ａから2種類以上選択する必要がありますので、「前菜、肉料理、魚料理」、「前菜、肉料理」、「前菜、魚料理」、「肉料理、魚料理」の4通りの選び方があります。

　「Ｂから1種類選ぶ」と「Ｂからは選ばない」は**同時には起こらない**ので、**和の法則**より、21＋4＝25［通り］の選び方があるので、正解は**2**です。

問題43

　男性7人、女性5人の中から代表を4人選びたい。女性が2人以上含まれる選び方は何通りあるか。

裁判所 2015

1　165通り
2　219通り
3　285通り
4　420通り
5　495通り

HINT　「女性が2人以上含まれる」

　「女性が2人以上含まれる選び方」にはどのようなパターンがあるか、具体的に考えてみましょう。

　選ばれる 4 人は「代表」という同じ肩書きであるため順番を考える必要がなく、**4 人の組合せを考えればよい**ことがわかります。代表 4 人のうち女性が 2 人以上含まれる選び方は、❶「男性 2 人・女性 2 人」、❷「男性 1 人・女性 3 人」、❸「男性 0 人・女性 4 人」の 3 パターンが考えられるため、順に計算します。

　❶男性 7 人から 2 人を選び、さらに女性 5 人から 2 人を選ぶ場合は、**積の法則**より、$_7C_2 \times _5C_2 = \dfrac{7 \times 6}{2 \times 1} \times \dfrac{5 \times 4}{2 \times 1} = 210$［通り］となります。

　❷男性 7 人から 1 人を選び、さらに女性 5 人から 3 人を選ぶ場合は、**積の法則**より、$_7C_1 \times _5C_3 = _7C_1 \times _5C_2 = 7 \times \dfrac{5 \times 4}{2 \times 1} = 70$［通り］となります。

　❸女性 5 人から 4 人を選ぶ場合は、$_5C_4 = _5C_1 = 5$［通り］となります。

　❶、❷、❸は**同時には起こらない**ため、**和の法則**より、$210 + 70 + 5 = 285$［通り］となるので、正解は **3** です。

高校生３人、中学生７人が所属している部活動に、新しく高校生２人と中学生が入部した。今、この中から高校生と中学生各２名の代表を選ぶことになり、その選び方が全部で450通りになるとき、新しく入部した中学生の人数はどれか。

特別区経験者採用 2021

1　1人
2　2人
3　3人
4　4人
5　5人

HINT 　$_nC_r$ の計算

　$_nC_r$ の計算では、分子は n からスタートして数を１つずつ小さくしていくかけ算を r 個、分母は r からスタートして数を１つずつ小さくしていくかけ算を r 個（１まで）行います。

$$_5C_2 = \frac{\boxed{5} \times \boxed{4}}{\boxed{2} \times \boxed{1}}$$

２個の数をかける

x からスタートし、数を１つずつ小さくする

$$_5C_2 = \frac{\boxed{x} \times \boxed{x-1}}{\boxed{2} \times \boxed{1}}$$

２個の数をかける

選ばれるのは「代表」という同じ肩書きであるため順番を考える必要がなく、**組合せを考えればよい**ことがわかります。

新しい部員が入部した後の中学生の人数を x［人］とします。新しい部員が入部した後の高校生の人数は $3+2=5$［人］なので、高校生から2人、**さらに**中学生から2人の代表を選ぶ組合せの数は、**積の法則**より $_5C_2 \times _xC_2$ となります。

この組合せの数の計算結果が450通りなので、$_5C_2 \times _xC_2 = 450$ を解けばよいことになります。

$$_5C_2 \times _xC_2 = 450$$

$$\frac{5\times4}{2\times1} \times \frac{x\times(x-1)}{2\times1} = 450$$

$$10 \times \frac{x(x-1)}{2} = 450$$

$$5x(x-1) = 450$$

$$x(x-1) = 90$$

x と $(x-1)$ は**連続する2つの整数**なので、積が90になる組合せの中で連続する2つの整数を考えると、$10\times9=90$ より、x が10、$(x-1)$ が9となります。

$$\overset{\text{1つ小さい}}{x \times (x-1)} = 90$$
$$10 \times \quad 9 \quad = 90$$

新しい部員が入部した後の中学生の人数は10人となり、中学生は7人から10人に3人増えたことになります。よって、正解は**3**です。

K、O、K、K、A、K、O、U、M、Uの10文字を横一列に並べるとき、四つのKが左から5番目までに全て含まれる場合は何通りか。 国家専門職 2017

1 300通り

2 450通り

3 600通り

4 900通り

5 1200通り

HINT 同じものを含む順列

10文字のうち4文字のK、2文字のO、2文字のUは区別できない同じものとして扱います。

まずは、4文字あるKを左から5番目までに配置する並べ方から考えてみましょう。

10文字のうち4つのK、2つのO、2つのUは**区別できない同じもの**として扱います。

まず、左から5番目までの5か所から4か所を選んで4つのKを当てはめます。その選び方は、$_5C_4 = {}_5C_1 = 5$［通り］となります。

5番目まで

5か所のうち4か所を選んでKを入れる

4つのKを当てはめると残り6か所となり、**その6か所にさらにO、O、U、U、A、Mを順に当てはめていきます**。

K		K	K	K					

残った6か所にO、O、U、U、A、Mを並べる

2つのO、2つのUは**区別できないもの**なので、6文字の並べ方は$\dfrac{6!}{2! \times 2!} = \dfrac{6 \times 5 \times 4 \times 3 \times 2 \times 1}{2 \times 1 \times 2 \times 1} = 180$［通り］となります。

よって、5通りのKの当てはめ方に対して、**さらに残りのO、O、U、U、A、Mの当てはめ方がそれぞれ180通りずつ**あるので、**積の法則**より、求める並び順は、$5 \times 180 = 900$［通り］となり、正解は**4**です。

ちなみに、O、O、U、U、A、Mの6文字の並べ方は**組合せの考え方で計算**することもでき、その場合は$_6C_2 \times {}_4C_2 \times {}_2C_1 \times {}_1C_1 = \dfrac{6 \times 5}{2 \times 1} \times \dfrac{4 \times 3}{2 \times 1} \times 2 \times 1 = 180$［通り］という計算になります。

問題46

　ＴＯＫＵＢＥＴＵの８文字を並べるとき、２つのＴの間に他の文字が１つ以上入る並べ方は何通りあるか。

特別区Ⅰ類 2019

1　　1260通り

2　　2520通り

3　　7560通り

4　　8820通り

5　　10080通り

HINT　**余事象**

　「２つのＴの間に他の文字が１つ以上入る並べ方」には、ＴとＴの間に入る文字数が１～６と多くの場合があり、複雑になります。

　このような場合には余事象を使い、すべての並べ方から「条件を満たさない並べ方」を引くことで場合の数を求めることを考えてみましょう。

8文字の並べ方は、「2つのTの間に他の文字が1つ以上入る」並べ方か、「2つのTの間に他の文字が1つも入らない（＝2つのTが連続する）」並べ方のいずれかとなります。

2つのTの間に他の文字が1つ以上入る	2つのTの間に他の文字が1つも入らない
例）　UTOKTUBE 　　　EKUTBTUO	例）　UTTUBEOK 　　　EKUTTUOB

このとき**余事象**を使うと、求める並べ方は、8文字の**すべての並べ方から**「**2つのTが連続する並べ方**」を除くことで求めることができます。

そこでまずは、すべての並べ方を求めます。TOKUBETUの8文字には、Tが2つ、Uが2つ、O、K、B、Eが1つずつあります。

これらは同じものを含む順列なので、並べ方は $\dfrac{8!}{2! \times 2!} = \dfrac{8 \times 7 \times 6 \times 5 \times 4 \times 3 \times 2 \times 1}{2 \times 1 \times 2 \times 1}$
$= 10080$［通り］となります。

2つのTを連続させるには、**2つのTをまとめてXとおいて**「X、U、U、O、K、B、E」の7文字を並べればよいことになります。

Uが2つ、X、O、K、B、Eが1つずつある7つの文字の並び順となるので、$\dfrac{7!}{2!} = \dfrac{7 \times 6 \times 5 \times 4 \times 3 \times 2 \times 1}{2 \times 1} = 2520$［通り］となります。

よって、求める場合の数は、$10080 - 2520 = 7560$［通り］となるので、正解は**3**です。

問題 47

ある青果店にはりんご、キウイフルーツ、みかんの３種類の果物が店頭にたくさん並べられている。この中から14個の果物を買うとき、何通りの買い方があるか。ただし、りんごとキウイフルーツはそれぞれ２個以上、みかんは３個以上買うものとする。

国家一般職 2002

1 30通り

2 32通り

3 34通り

4 36通り

5 38通り

HINT 重複組合せ

区別のできないりんご、キウイフルーツ、みかんのそれぞれを１個ずつではなく複数個、重複して選ぶことができます。

３種類の果物を区切るための２つの「仕切り」があると考えてみましょう。

　合計14個の果物を買うことになっていますが、りんごを2個、キウイフルーツを2個、みかんを3個必ず買わなければならないので、**あらかじめこれら7個は買ったものとし、残り7個を買う組合せを考えます**。

　ここで、りんご、キウイフルーツ、みかんという3種の果物の間を区切るための**2本の「仕切り」**があると考えます。

　7個の果物と、果物の間に入れる2本の仕切りを合わせて「○○○○○○○｜｜」という9つの記号で果物の買い方を表すと、例えば、下図のように「○○○｜○｜○○○」の並び順の場合、りんご3個、キウイフルーツ1個、みかん3個を追加で買ったことになります。

りんご　　キウイフルーツ　　みかん

　この「○○○○○○○｜｜」の並べ方を考えればよいので、**9マスのうち仕切りを入れる2マスの組合せ、さらに残り7マスに「○」を入れる組合せ**、つまり$_9C_2 \times _7C_7 = \dfrac{9 \times 8}{2 \times 1} \times 1 = 36$[通り]となります。よって、正解は**4**です。

　ちなみに、「○○○○○○○｜｜」の並べ方を**同じものを含む順列**と捉えて解くこともでき、この場合は9個のうち「○」を7個、「｜」を2個含む順列と考えて計算し、$\dfrac{9!}{7! \times 2!} = \dfrac{9 \times 8 \times 7 \times 6 \times 5 \times 4 \times 3 \times 2 \times 1}{7 \times 6 \times 5 \times 4 \times 3 \times 2 \times 1 \times 2 \times 1} = 36$[通り]としてもかまいません。

□□□

問題 **48**

難易度　**A**

　白組の生徒10人、赤組の生徒 9 人及び青組の生徒 8 人の中から、くじ引きで 3 人の生徒を選ぶとき、白組、赤組及び青組の生徒が一人ずつ選ばれる確率として、正しいのはどれか。

東京都Ⅰ類 2022

1　$\dfrac{1}{720}$

2　$\dfrac{80}{2187}$

3　$\dfrac{8}{195}$

4　$\dfrac{16}{65}$

5　$\dfrac{121}{360}$

HINT　確率の求め方

　確率は、$\dfrac{条件を満たす場合の数}{すべての場合の数}$ で求められます。

まず、すべての場合の数を求めます。白組の生徒10人、赤組の生徒9人、青組の生徒8人を合計した**27人から3人の生徒を選ぶ場合の数**なので、$_{27}C_3 = \dfrac{27 \times 26 \times 25}{3 \times 2 \times 1} = 9 \times 13 \times 25$［通り］となります。

このとき、「$9 \times 13 \times 25$」を計算してしまうとそれなりに大きい数になります。この後求める「条件を満たす場合の数」と約分できる可能性を考えて**いったんこのままにしておきます**。

次に、条件を満たす場合の数を考えます。10人の白組から1人、**さらに9人**の赤組から1人、**さらに**8人の青組から1人選ぶ場合の数なので、**積の法則**より、$_{10}C_1 \times {}_9C_1 \times {}_8C_1 = 10 \times 9 \times 8$［通り］となります。

よって、求める確率は $\dfrac{10 \times 9 \times 8}{9 \times 13 \times 25} = \dfrac{16}{65}$ となるので、正解は **4** です。

①から⑨までの数字が一つずつ書かれた9枚のカードから5枚のカードを同時に取り出す。この5枚を数字の小さい順に左から一列に並べたとき、左から2番目に⑤のカードがある場合の確率として正しいものはどれか。

裁判所 2018

1 $\dfrac{5}{126}$

2 $\dfrac{2}{21}$

3 $\dfrac{8}{63}$

4 $\dfrac{2}{7}$

5 $\dfrac{4}{9}$

HINT 順列か組合せか

　確率を求めるためには「すべての場合の数」と「条件を満たす場合の数」を計算しますが、この場合の数を考えるうえで難しいことの1つに、「順列」と「組合せ」のどちらを使って計算するかがあります。

　基本的に、「選ぶだけ」が組合せ、「選んで並べる」のが順列ですが、問題文の表現のみにとらわれず「並べる順番を考慮する必要があるか」を考えるようにしましょう。

解 説 ・・・・・・・・・・・・・・・・・・・・・・・・・・・・ 正 解 3

　まず、すべての場合の数を求めます。この問題では数字の小さい順に一列に並べるため、9枚中5枚を選んだ時点で、並び順は1通りに決まります。よって、9枚から5枚を選ぶ**組合せの問題**と捉えるとよいでしょう。

　すべての場合の数は、$_9C_5 = _9C_4 = \dfrac{9 \times 8 \times 7 \times 6}{4 \times 3 \times 2 \times 1} = 126$［通り］となります。

　次に、条件を満たす場合の数を求めます。⑤より小さい①～④の4枚から1枚を選び、**さらに**⑤を1枚選び、**さらに**⑤より大きい⑥～⑨の4枚から3枚を選べば、小さい順に並べたときに左から2番目が⑤となります。

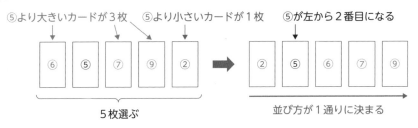

⑤より大きいカードが3枚　⑤より小さいカードが1枚　⑤が左から2番目になる

5枚選ぶ　　　　　　　　並び方が1通りに決まる

　よって、**積の法則**より、条件を満たす場合の数は、$_4C_1 \times _1C_1 \times _4C_3 = _4C_1 \times _1C_1 \times _4C_1 = 4 \times 1 \times 4 = 16$［通り］となります。

　以上より、求める確率は$\dfrac{16}{126} = \dfrac{8}{63}$となるので、正解は **3** です。

第1編

第6章　場合の数・確率

難易度 **B**

　下図のすごろくにおいて、「スタート」の位置から、立方体のサイコロ一つを振って出た目の数だけコマを進ませ、3回目でちょうど「ゴール」の位置に止まる確率として、正しいのはどれか。ただし、「スタートに戻る」の位置に止まったときは、「スタート」の位置に戻る。

東京都Ⅰ類 2015

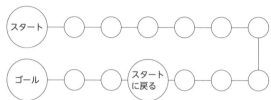

1 $\dfrac{1}{72}$

2 $\dfrac{1}{12}$

3 $\dfrac{7}{72}$

4 $\dfrac{7}{36}$

5 $\dfrac{7}{12}$

HINT　ゴールするのに必要な目の出方

　まず、ゴールするのに必要な目の出方を考えます。そのうち、「スタートに戻る」に止まってしまう場合を除きます。

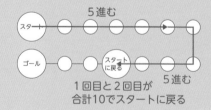

解 説

　まず、サイコロを3回振るときの目の出方について、すべての場合の数を求めます。1回目の出方が6通り、**さらに**2回目の出方が6通り、**さらに**3回目の出方が6通りなので、**積の法則**より、すべての場合の数は6×6×6＝216[通り]となります。

　次に条件を満たす場合の数を考えます。**仮に「スタートに戻る」のマスがなければ、3回の目の和がちょうど13になる出方を考えればよいことになります。**合計が13になる組合せは、（1，6，6）、（2，5，6）、（3，5，5）、（3，4，6）、（4，4，5）の5パターンです。

　この5パターンそれぞれについて、回ごとの目の並び順を考えてみます。

　（1，6，6）のように同じ出目を2つ含む場合の並び順は**同じものを含む順列**なので$\frac{3!}{2!} = \frac{3 \times 2 \times 1}{2 \times 1} = 3$[通り]です。（3，5，5）と（4，4，5）も同じく3通りずつあり、これらは**同時には起こらない**ため、**和の法則**より、3＋3＋3＝9[通り]となります。

　（2，5，6）のようにすべて異なる出目の場合の並び順は3!＝3×2×1＝6[通り]あります。（3，4，6）も同様に並び順が6通りあり、これらは**同時には起こらない**ため、**和の法則**より、6＋6＝12[通り]となります。

　ただし、スタートから10マス目には「スタートに戻る」のマスがあり、**1回目と2回目の出目の合計が10になるとこのマスに止まってしまうため、ゴールすることができません**。よって、先ほど求めた組合せのうち、1回目と2回目の合計が10となる場合を**「条件を満たす場合の数」**から除く必要があります。具体的には（5，5，3）、（4，6，3）、（6，4，3）の3通りは、サイコロを2回振った後「スタートに戻る」のマスに止まってしまうので除きます。

　すると、条件を満たす場合の数は9＋12−3＝18[通り]となります。

　よって、求める確率は$\frac{18}{216} = \frac{1}{12}$となるので、正解は**2**です。

問題 51

　1000から9999までの4桁の整数の中から、1つの整数を無作為に選んだとき、選んだ整数の各位の数字の中に同じ数字が2つ以上含まれる確率として、正しいのはどれか。

東京都Ⅰ類 2016

1　$\dfrac{9}{25}$

2　$\dfrac{62}{125}$

3　$\dfrac{692}{1375}$

4　$\dfrac{683}{1250}$

5　$\dfrac{83}{125}$

HINT　余事象

　「各位の数字の中に同じ数字が2つ以上含まれる」の余事象を使って計算量を減らすことを考えてみましょう。

　まず、すべての場合の数を考えます。1000から9999までの4桁の整数は9999－999＝9000［個］あるので、9,000通りとなります。

　次に、条件を満たす場合の数を考えます。1つの整数を無作為に選んだときに「各位の数字の中に同じ数字が2つ以上含まれる」という条件を満たす場合は、**含まれている同じ数字が2つ、3つ、4つの場合がある**ため複雑です。そこで、**余事象、つまり「各位の数字の中に同じ数字が1つもない」場合**を考えてみます。

　まず千の位には、1～9の9個の数字のうちいずれか1つの数字を選びます。**さらに**百の位には、0～9の10個の数字のうち千の位で選ばなかった9個の数字のうちいずれか1つの数字を選びます。**さらに**十の位には0～9の10個の数字のうち千の位と百の位で選ばなかった8個の数字のうちいずれか1つの数字を選び、**さらに**一の位には残った7個の数字のうちいずれか1つの数字を選びます。

　よって、**積の法則**より、「同じ数字が1つもない」場合の数は9×9×8×7＝4536［通り］となるため、条件を満たす場合の数は9000－4536＝4464［通り］となります。

千の位　　　百の位　　　十の位　　　一の位

| 9 | × | 9 | × | 8 | × | 7 |

通り　　　　通り　　　　通り　　　　通り

「1～9」　「0～9」のうち、千の位で使わなかったもの

　以上より、求める確率は $\dfrac{4464}{9000} = \dfrac{62}{125}$ となるので、正解は **2** です。

　テニスの大会の第 1 次予選において、A、B の 2 人が最大で 5 回の試合を行い、どちらかが 3 勝した時点でそれ以上の試合は行わず、勝者は第 2 次予選に進むこととした。試合において、A が B に勝つ確率が $\dfrac{2}{3}$ であり、B が A に勝つ確率が $\dfrac{1}{3}$ であるとき、この 2 人が 5 回まで試合を行う確率はいくらか。

国家専門職 2020

1 $\dfrac{14}{81}$

2 $\dfrac{8}{27}$

3 $\dfrac{10}{27}$

4 $\dfrac{32}{81}$

5 $\dfrac{37}{81}$

HINT　5 回まで試合を行う場合

　「どちらかが 3 勝した時点でそれ以上の試合は行わず」という条件があるときに、2 人が 5 回目の試合を行うのはどのような場合か、考えてみましょう。

解説　　　　　　　　　　　　　　　　　　正解　2

　どちらかが3勝するとそこで勝敗が決まってしまうので、5回まで試合を行うのは**4回までにAとBが2勝ずつする場合**です。5回目の試合が行われれば条件を満たすので、5回目の試合の勝敗は問題になりません。

1回	2回	3回	4回	5回
Aが2勝・Bが2勝				AかB

　「AとBが2勝ずつする」という条件を満たした、4回目までの勝者は次の6通りです。

	1回	2回	3回	4回
❶	A	A	B	B
❷	A	B	A	B
❸	A	B	B	A
❹	B	B	A	A
❺	B	A	B	A
❻	B	A	A	B

　積の法則より、❶が起こる確率は、$\dfrac{2}{3} \times \dfrac{2}{3} \times \dfrac{1}{3} \times \dfrac{1}{3} = \left(\dfrac{2}{3}\right)^2 \times \left(\dfrac{1}{3}\right)^2$となります。

　❷が起こる確率は、$\dfrac{2}{3} \times \dfrac{1}{3} \times \dfrac{2}{3} \times \dfrac{1}{3} = \left(\dfrac{2}{3}\right)^2 \times \left(\dfrac{1}{3}\right)^2$となり、❶と同じ確率になります。同様に、Aが2勝、Bが2勝する確率は、AとBが勝つ順番にかかわらず、すべて$\left(\dfrac{2}{3}\right)^2 \times \left(\dfrac{1}{3}\right)^2$となります。

　よって、❶〜❻の確率はすべて$\left(\dfrac{2}{3}\right)^2 \times \left(\dfrac{1}{3}\right)^2$となります。それが6通りあり、これらは**同時には起こらない**ので、**和の法則**より、求める確率は$\left(\dfrac{2}{3}\right)^2 \times \left(\dfrac{1}{3}\right)^2 \times 6 = \dfrac{4}{9} \times \dfrac{1}{9} \times 6 = \dfrac{24}{81} = \dfrac{8}{27}$となります。よって、正解は**2**です。

第2編

資料解釈

第1章

資料解釈の基本

資料解釈の基本

資料解釈の問題を解くうえで基本となる考え方を学習します。細かい作業が多くなる分野ですが、確実に実践できるようにしましょう。

 例題58

次の資料は、ある水族館の来場者数およびその性別の割合を示している。男性の来場者がより多いのは7月と8月のどちらか。　オリジナル

		7月	8月
来場者数		62,123人	86,322人
	男性	42.4%	32.2%
	女性	57.6%	67.8%

 そもそも資料解釈ってどういう問題ニャ？

この例題のように資料が示されて、そこから読み取れる事実を探していくニャ！

資料解釈の問題では表やグラフなどの資料が示され、選択肢ではその資料について問われます。選択肢のうち、**確実にいえるものを選ぶ**問題が多いです。

7月と8月の男性の来場者数を計算するにはどうしたらいいニャ？

 来場者数とその内訳が割合で示されているから、かけ算したら比べられそうニャ！

第2章でも扱いますが、この資料では**総数と構成比**が示されています。7月の来場者数のうち男性の数を求めるには62123×0.424、8月の来場者数のうち男性の数を求めるには86322×0.322という計算をすれば求められます。

正確に求めるならそれでいいニャ！ でも、そんなに時間をかけてられないニャ！

　資料解釈では資料に含まれる数値を使った計算をする場面が非常に多くありますが、実際の試験は時間にそれほど余裕がないため、**効率よく計算する**ことを考える必要があります。つまり、特定の位で四捨五入し、概算をもって判断するのがよいでしょう。

　ここでは、**上から4つ目の位を四捨五入して概算**する、というルールを基本にしましょう。ほとんどの場合はこの程度の概算であれば選択肢の記述を正しく判断するのに支障はありません。ただし、計算した結果が別の値と僅差になるような場合には、面倒でも正確な値を計算するようにしましょう。

上から4つ目の位を四捨五入した数で概算して、男性の数が多かったのがどちらの月か比べるニャ！

　62123×0.424を、それぞれ上から4つ目の位を四捨五入した数にすると**62100×0.42**となり、86322×0.322を、それぞれ上から4つ目の位を四捨五入した数にすると**86300×0.32**となります。

62100×0.42＝26082	正確に計算すると、62123×0.424＝26340.152
86300×0.32＝27616	正確に計算すると、86322×0.322＝27795.684

確かにちょっとずれてるけど、7月より8月のほうが多いことはわかるニャ！

　資料解釈では、「AがBより大きい」、「3つのうちAが最も大きい」といった選択肢の記述が正しいかどうかだけがわかればよく、**正確な計算よりスピードを重視**すべき場合が多くあります。効率よく計算していきましょう。

　これ以降にもさまざまなテクニックを見ていきますが、最初に資料解釈の問題に取り組む際の基本的な考え方をまとめておきましょう。

❶ **効率よく計算する**

・上から４つ目の位で四捨五入した概算値を使って計算する

・近似法を用いる（後述）、など

❷ **資料から読み取れない内容に注意する**

・誤った記述のほか、「正しいか誤りかそもそも判断すらできない」記述に注意

❸ **すべての記述をチェックする必要はない**

・５つの選択肢のうち、４つが誤りとわかったら残りの１つが正解（消去法）

・上から順番にではなく、時間がかからなそうなものからチェックし、確実に正解とわかる選択肢が見つかったらそこで終了

❹ **スピードを意識する**

・選択肢が５つある場合、目安として１つの記述を１分半程度、全体で７分以内に解けるように練習する

・最初はゆっくりでよいが、慣れてきたら速く解くことを考える

正　解　8月

第2節 資料解釈のテクニック

ここでは、資料解釈の問題で扱うデータの種類や、計算の手間を省くテクニックを扱います。

 例題59

次の資料は、ある企業の第一営業部と第二営業部が各月に獲得した契約件数を示している。合計に占める第二営業部の契約件数の**割合**が最も大きいのは何月か。

オリジナル

	4月	5月	6月
第一営業部	25件	29件	24件
第二営業部	17件	15件	28件
合計	42件	44件	52件

「割合」については前に教わったニャ！

頼もしいニャ！ 例えば「**4月の合計に占める第二営業部の契約件数**」って分数にするとどういう値かわかるニャ？

ええと、4月の合計が42件、4月の第二営業部が17件だから、$\frac{42}{17}$ …？

そうじゃないニャ！ 問題の言い回しに注意するニャ！

　資料解釈の問題には「**割合・比率**」に関する表現が多く登場します。正しく計算できるよう、取扱いに慣れておきましょう。

$$B \left\{ \begin{array}{l} \text{に対する} \\ \text{に占める} \\ \text{における} \\ \text{のうちの} \end{array} \right. A \text{ の} \left\{ \begin{array}{l} \text{割合} \\ \text{比率} \end{array} \right\} = \frac{A}{B}$$

例）クラス全員に対する女子生徒の割合 $= \dfrac{\text{女子生徒}}{\text{クラス全員}}$

受験者に占める合格者の比率 $= \dfrac{\text{合格者}}{\text{受験者}}$

例題の資料に当てはめて、比べるべき割合を分数にしてみると、4月が $\dfrac{17}{42}$、

5月が $\dfrac{15}{44}$、6月が $\dfrac{28}{52}$ となります。

分数で正しく表すところまではできたニャ！ でもどうやって大小を
比べたらいいニャ？

まず、分数の大小比較の基本から見ていくニャ！

❶　分子について

　分子が大きいほど分数の値が大きくなります。例えば分母が等しい分数どうしで比べてみましょう。

$$\frac{1}{3} < \frac{2}{3}$$

❷　分母について

　分母が小さいほど分数の値が大きくなります。例えば分子が等しい分数どうしで比べてみましょう。

$$\frac{1}{6} < \frac{1}{2}$$

　よって、2つの分数を比べるとき、分数Aが分数Bより分子が大きく、分母が小さければ、分数全体の値が大きいのは分数Aです。

これを踏まえて4月と5月の分数の大きさを比べてみるニャ！

4月のほうが、**分子が大きくて分母が小さい**ニャ！

4月		5月
$\dfrac{17}{42}$	⼤分子⼩ ⼩分母⼤	$\dfrac{15}{44}$

4月　＞　5月

　4月と5月を比べると、4月＞5月であることがわかりました。では次に、4月と6月を比べてみましょう。

困ったニャ…。4月より6月のほうが、**分子も分母も両方大きくなってるニャ…。**

大丈夫ニャ！ ほかにもいろんな比べ方があるニャ！

　分数の大小比較の方法はたくさんありますが、ここでは**単純な分数と比べる方法**を試してみましょう。基準とする単純な分数として、ここでは $\frac{1}{2}$ を使ってみます。$\frac{1}{2} = \frac{21}{42}$ なので、$\frac{17}{42}$ は $\frac{1}{2}\left(=\frac{21}{42}\right)$ より小さいことがわかります。一方、$\frac{1}{2} = \frac{26}{52}$ なので、$\frac{28}{52}$ は $\frac{1}{2}\left(=\frac{26}{52}\right)$ より大きいことがわかります。

4月	<	$\frac{1}{2}$	6月	>	$\frac{1}{2}$	➡	$\frac{17}{42}$	<	$\frac{28}{52}$
$\frac{17}{42}$	㊙分子㊤	$\frac{21}{42}$	$\frac{28}{52}$	㊤分子㊙	$\frac{26}{52}$				

単純な分数を間に挟むことで、大小比較しやすくなったニャ！

　これで、「合計に占める第二営業部の契約件数の割合」は6月＞4月＞5月とわかったので、最も大きいのは6月です。

　基準とする単純な分数を用意して、２つの分数と大小比較した結果が異なれば、その結果を利用して大小比較できる場合があります。

例）$\dfrac{2097}{4214}$ と $\dfrac{4534}{9036}$ の大小比較

$\dfrac{1}{2} = \dfrac{2107}{4214} = \dfrac{4518}{9036}$ なので、$\dfrac{2097}{4214} < \dfrac{1}{2} < \dfrac{4534}{9036}$、よって、$\dfrac{2097}{4214} < \dfrac{4534}{9036}$

正　解　6月

次の資料は、ある中学校の1学年・2学年における生徒数と、部活動への所属状況を示したものである。これについて、以下の問いに答えよ。

	1学年	2学年
生徒数	386人	462人
部活動所属者	179人	353人

(1)　1学年の生徒数に占める部活動所属者の**比率**は、0.5を下回るといえるか。

(2)　2学年の生徒数に占める部活動所属者の**比率**は、0.8を下回るといえるか。

オリジナル

まずは、指定された数値を資料から拾って分数で表してみるニャ！

まず、(1)の「1学年の生徒数に占める部活動所属者の比率」は $\dfrac{179}{386}$ となり、

(2)の「2学年の生徒数に占める部活動所属者の比率」は $\dfrac{353}{462}$ となります。

今回は、さっきの「単純な分数と比較する」方法とは違う判定方法を試してみるニャ！

(1)の $\dfrac{179}{386}$ が0.5を下回るかを判定するために、**分母の386に0.5をかけます。**

$386 \times 0.5 = 193$ なので、比率がちょうど0.5となるのは $\dfrac{193}{386}$ であることがわかります。$\dfrac{179}{386}$ の分子はこれより小さいので、**1学年の生徒数に占める部活動所属者の比率は0.5を下回ります。**

$$\frac{179}{386} < \frac{193}{386} \quad (=0.5)$$

同様に、(2)の$\frac{353}{462}$が**0.8を下回るかを判定するために、分母の462に0.8をか**けます。$462 \times 0.8 = 369.6$なので、比率がちょうど0.8となるのは$\frac{369.6}{462}$であることがわかります。$\frac{353}{462}$の分子はこれより小さいので、**2学年の生徒数に占める部活動所属者の比率は0.8を下回ります。**

$$\frac{353}{462} < \frac{369.6}{462} \quad (=0.8)$$

つまり、分母をそろえて分子の大きさで大小比較する作戦ニャ！

STUDY **分数の大小比較Ⅲ**

ある分数の値が特定の割合・比率を上回るか・下回るかを判定するに当たり、分母にその割合・比率をかけて作った分数と比較する方法があります。

例）$\frac{2563}{3580}$の比率は0.7を上回るか　　$\frac{503}{425}$の比率は1.2を上回るか

3580×0.7

$$0.7 = \frac{2506}{3580} < \frac{2563}{3580}$$

分母をそろえる

⇒0.7を上回る

425×1.2

$$1.2 = \frac{510}{425} > \frac{503}{425}$$

分母をそろえる

⇒1.2を下回る

正　解　(1)0.5を下回る　　(2)0.8を下回る

第2節　資料解釈のテクニック　**255**

次の資料は、ある企業の売上を年ごとに示したものである。この売上について、**対前年増加率**は2020年と2022年のどちらが大きいか。

オリジナル

2019年	2020年	2021年	2022年
200百万円	240百万円	230百万円	250百万円

「増加率」ってどういう意味ニャ？

簡単にいえば「**増加した割合**」のことニャ！

例えば10だった値が15になったら、増加量は5、増加率は50％です。増加量も増加率も、何かと比べてどう変化したかを見る値ですが、この比較対象は前年の値、前年度の値、前月の値、前回の値、などさまざまです。

資料解釈では、**前年の値に比べてどのくらい増加したか**を示した対前年増加量、対前年増加率が最もポピュラーですので、「対前年」に定位して説明しましょう。

STUDY 　対前年増加量・対前年増加率

❶ **対前年増加量＝当年の値－前年の値**

❷ **対前年増加率＝$\dfrac{当年の値－前年の値}{前年の値} \times 100 = \dfrac{当年の値}{前年の値} \times 100 - 100$**

なお、増加率が負の値になることがあり、この場合は比較対象に比べて数値が減少していることを示しています。例えば「増加率－20％」と「減少率20％」は同じ意味です。

この式に当てはめて、例題の増加率を比較してみるニャ！

2020年にとっての前年は2019年で、2022年にとっての前年は2021年だから…。

$$2020年の対前年増加率 = \frac{240百万 - 200百万}{200百万} \times 100 = \frac{40百万}{200百万} \times 100 = 20[\%]$$

$$2022年の対前年増加率 = \frac{250百万 - 230百万}{230百万} \times 100 = \frac{20百万}{230百万} \times 100 \fallingdotseq 8.70[\%]$$

2020年の対前年増加率のほうが大きいニャ！

そのとおりニャ！でも、もっと計算の手間を減らす方法があるニャ！

　この例題は、対前年増加率を計算することを求めているのではなく、2つの対前年増加率のうち<u>どちらが大きいかを問っている</u>だけです。このため、増加率の計算のうち、**分数部分の大小を比較する**だけで足ります。つまり、$\frac{240-200}{200}$

$= \frac{40}{200}$ と $\frac{250-230}{230} = \frac{20}{230}$ を比較し、大きいほうが増加率も大きくなります。

$\frac{40}{200}$ と $\frac{20}{230}$ を並べて比べると、分子が大きくて分母が小さい $\frac{40}{200}$ のほうが大きいニャ！

$$\frac{40}{200} \quad \overset{>}{\underset{\scriptsize 小 分母 大}{\scriptsize 大 分子 小}} \quad \frac{20}{230}$$

もう1つ、増加率を把握する方法があるニャ！

2019年の値である「200」に、**200の10％である20を２回加える**と200＋20＋20＝240となります。この計算により、2020年の対前年増加率は**ちょうど20％**であるとわかります。

2021年の値である「230」に、**230の10％である23を加える**と230＋23＝253となります。2022年の値である「250」は**253より小さい**ので、2022年の対前年増加率は**10％より小さい**ことがわかります。

```
    200              230
    20 (10%)     +    23 (10%)
+   20 (10%)         253 (10%増)
───────────      ──────────────
   240 (20%増)
```

「ちょうど20％」と「10％より小さい」増加率なので、2020年のほうが大きい増加率だとわかります。

STUDY 　10％・５％・１％の足し算・引き算

小数点の位置を左に１つずらすと10％、２つずらすと１％の値になります。また10％の値の半分が５％の値になります。これらをもとの数に加減することで10％増、15％増、20％増、10％減、15％減、20％減などの値を計算することができます。

例）58700の16％増は68500より大きいか

$$\begin{cases} 58700の10\% & \Rightarrow & 5870.0 & \Rightarrow & 5870 \\ 58700の1\% & \Rightarrow & 587.00 & \Rightarrow & 587 \\ 58700の5\% & \Rightarrow & 5870 \div 2 = 2935 & \Rightarrow & 2940 \end{cases}$$

58700＋5870＋2940＋587＝68097なので、58700の16％増＜68500

正　解 **2020年のほうが大きい**

次の資料は、ある企業の売上を年ごとに示したものである。この売上について、2020年の**対前年減少率**は10%を上回っているといえるか。

オリジナル

2019年	2020年
1,800百万円	1,440百万円

この例題では、「減少率」という表現になっている点に注意ニャ！

　「減少率が10%を上回っている」というのは、「**10%よりも大きく減少している**」という意味です。

　例えば100だった値が85になったら、減少量は15、減少率は15%です。減少量も減少率も、何かと比べてどう変化したかを見る値ですが、この比較対象は前年の値、前年度の値、前月の値、前回の値、などさまざまです。

　増加量・増加率と同じく、「対前年」に定位して説明しましょう。

STUDY　対前年減少量・対前年減少率

❶　対前年減少量＝前年の値－当年の値

❷　対前年減少率＝$\dfrac{\text{前年の値}－\text{当年の値}}{\text{前年の値}}\times 100 = 100 - \dfrac{\text{当年の値}}{\text{前年の値}}\times 100$

---

　❷の式に当てはめると、2020年の対前年減少率＝$\dfrac{1800-1440}{1800}\times 100 = \dfrac{360}{1800}$

＝20[%]となります。よって、10%より大きく減少していることになります。

正　解　**10%を上回る**

次の資料は、ある会社の各事業部の年ごとの売上を示したものである。
これについて、以下の問いに答えよ。 オリジナル

	2019年	2020年
A事業部	563百万円	597百万円
B事業部	279百万円	305百万円
C事業部	524百万円	532百万円

(1) B事業部の売上に対するA事業部の売上の**比率**は、2019年と2020年
のどちらが大きいか。

(2) C事業部の売上に対するA事業部の売上の**比率**は、2019年と2020年
のどちらが大きいか。

これも比率の大小を比較する問題ニャ！ まずは(1)から、比較する分
数を作ってみるニャ！

「B事業部の売上に対するA事業部の売上の比率」は、2019年が$\dfrac{563}{279}$で、2020

年が$\dfrac{597}{305}$です。この２つの分数の大小を比べればよいことになります。

このように、「分子＞分母」の形をしているときは、分子が分母の
何倍かを比べてみるといいニャ！

$\dfrac{563}{279}$は、563が279の２倍超、つまり$\dfrac{563}{279}$は**２より大きい値**です。一方、$\dfrac{597}{305}$

は、597が305の２倍未満、つまり$\dfrac{597}{305}$は**２より小さい値**だとわかります。よっ

て、$\dfrac{563}{279} > \dfrac{597}{305}$となり、比率が大きいのは2019年です。

$$2\text{倍超}\left(\dfrac{563}{279} > \dfrac{597}{305}\right)2\text{倍未満}$$

　逆に、「分母＞分子」の形をしているときは、分母が分子の何倍かを比べることで大小比較をすることもできます。

次に(2)を比べてみるニャ！

2つとも、分母と分子の値が近くて判断しづらいニャ…。

　「Ｃ事業部の売上に対するＡ事業部の売上の比率」は、2019年が$\dfrac{563}{524}$で、2020年が$\dfrac{597}{532}$です。この2つの分数の大小を比べればよいことになります。

(2)の分数も「分子＞分母」の形になってるニャ。
今回は、さっき出てきた**増加率をチェックする方法**を試してみるニャ！

増加率がどうしてここで役立つニャ？

　$\dfrac{11}{10}$と$\dfrac{12}{10}$という単純な例で考えてみましょう。$\dfrac{11}{10} < \dfrac{12}{10}$であることはたやすく判断できますが、分母に対する分子の増加率に注目すると、$\dfrac{11}{10}$は10％、$\dfrac{12}{10}$は20％です。つまり、**分母に対する分子の増加率が大きい分数ほど、値が大きい**ことがわかります。

　524の10％は52.4なので、524＋52.4＞563であることから、$\dfrac{563}{524}$は分母に対す

る分子の**増加率が10%より小さい**ことがわかります。一方、532の10%は53.2なので、532＋53.2＜597であることから、$\frac{597}{532}$ は分母に対する分子の**増加率が10%より大きい**ことがわかります。よって、$\frac{563}{524} < \frac{597}{532}$ となり、比率が大きいのは2020年です。

STUDY　分数の大小比較Ⅳ

❶ 分子が分母の何倍程度か／分母が分子の何倍程度かを計算する

3倍超 $\left(\frac{10}{3} > \frac{14}{5} \right)$ 3倍未満　　3倍未満 $\left(\frac{2}{5} > \frac{4}{13} \right)$ 3倍超

❷ 分母に対する分子の増加率を計算する

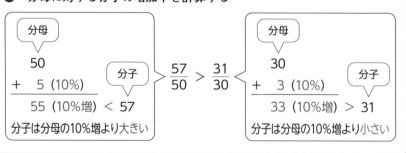

例題64

　次の資料は、ある企業の売上高の推移を示している。1990年の値を100として**指数**で表すとき、2020年の売上高は120を上回るといえるか。

オリジナル

1990年	2000年	2010年	2020年
2,800百万円	1,400百万円	3,080百万円	3,200百万円

資料が売上高を表しているのはわかるニャ。でも、どうして2,800が100になるニャ？

まずは「指数」について理解するニャ！

　基準となる数値を主に100として、他の数値を相対的に示したものを指数と呼びます。この例題では1990年の値が基準なので、他の年の売上高をすべて1990年の2,800[百万円]と比べることになります。

　例えば、2000年の1,400[百万円]は1990年の**2,800[万円]の半分**です。

　よって、指数は100の半分の50となります。

	基準の値		相対的に示す値
実際の金額	2,800	→	1,400
指数	100	→	50

ぴったり半分なら簡単ニャ！ でも、2020年の3,200[百万円]の指数はどうやって計算するニャ？

ここでも増加率の知識が役に立つニャ！

第2編　第1章　資料解釈の基本

基準の値に比べてどのくらい増減しているかと考えると指数も求めやすいです。例えば基準の値に対して20％増なら、その値の指数は120です。同様に、30％増なら指数は130に、40％増なら指数は140になります。

　10％減なら指数は90、20％減なら指数は80です。

　ここでは、2,800を指数100としたときの、指数120の値を求めてみます。基準である**1990年の2,800[百万円]の20％増**になると考えるとよいでしょう。

　よって、指数120の場合の金額は、2800×1.2＝3360[百万円]になります。

　10％である280を2回足して求めることもできます。

$$
\begin{array}{r}
2800 \\
\times \quad 1.2 \\
\hline
3360
\end{array}
\qquad
\begin{array}{r}
2800 \\
280\ (10\%) \\
+\quad 280\ (10\%) \\
\hline
3360\ (20\%増)
\end{array}
$$

　2020年の売上高は3,200[百万円]だから、指数120の売上高3,360[百万円]を下回るニャ！

STUDY　**指数**

　ある数値を基準として主に100と設定し、他の数値を相対的に示したものを指数といいます。

　基準を100と設定した場合、例えば指数120に当たる値は基準の値の120％となるため、実質的には割合、特に「％」と同じように計算できます。

●**基準の値（A）を指数100として他の値（B）の指数を求める場合**

$$
指数 = \frac{\text{Bの値}}{\text{Aの値}} \times 100
$$

[正 解] 上回らない

例題65

次の資料は、ある町の人口の推移を10年ごとに示したものである。表中の5年の人口の平均は15,000を上回るといえるか。　　　　オリジナル

1980年	1990年	2000年	2010年	2020年
10,696人	14,287人	15,687人	16,789人	15,322人

平均なら前に教わったから簡単ニャ！

実際に5つの数値の平均を計算してみると、(10696＋14287＋15687＋16789＋15322)÷5＝72781÷5≒14600なので、平均は15,000を下回ります。

実は割り算よりもかけ算のほうが楽チンニャ！違う計算方法も試してみるニャ！

5年分の平均が15,000を上回るには、**5年分の合計が15,000の5倍である75,000を上回る必要**があります。

また、5つの数値を合計するときも、**上から4つ目の位を四捨五入**して計算しましょう。

$$
\begin{array}{r}
10700 \\
14300 \\
15700 \\
16800 \\
+\ 15300 \\
\hline
72800 \quad < \quad 15000 \times 5 = 75000
\end{array}
$$

合計が75,000を下回るので、**平均が15,000を上回る**とはいえません。

（正解）**上回らない**

第2編
資料解釈

第2章

さまざまな資料

第1節 実数の資料

実数のみが登場する資料の問題で、資料解釈の最も基本的な出題です。
ここまで学習した内容をきちんと実践できるか試しておきましょう。

例題66

次の資料は、ある企業の支店ごとの売上高を年度ごとに示したもので
ある。これらから確実にいえるのはどれか。　　　　　　オリジナル

(単位：百万円)

	2018年度	2019年度	2020年度	2021年度	2022年度
東京支店	5,870	5,677	6,241	5,989	6,144
名古屋支店	2,987	3,433	4,447	3,977	2,462
大阪支店	4,434	4,247	4,944	5,441	5,533
福岡支店	3,319	4,233	4,134	2,267	2,279

1 名古屋支店の売上高に対する東京支店の売上高の比率が最も大きい
のは2018年度である。

2 2020年度の売上高の対前年度増加率は、東京支店より大阪支店のほ
うが大きい。

3 名古屋支店における売上高の対前年度減少率は、2021年度より2022
年度のほうが小さい。

4 大阪支店における2018年度の売上高を100としたとき、大阪支店の
2021年度の売上高の指数は120を下回る。

5 福岡支店における2018年度から2022年度までの5年間における売上
高の平均は3,000百万円を下回る。

これまで蓄えたテクニックを使えばちゃんと正解できるはずニャ！
がんばるニャ！

　詳しい検証に入る前に、まず資料中の値をすべて上から4つ目の位で四捨五
入しておきます。

	2018年度	2019年度	2020年度	2021年度	2022年度
東京支店	5,870	5,680	6,240	5,990	6,140
名古屋支店	2,990	3,430	4,450	3,980	2,460
大阪支店	4,430	4,250	4,940	5,440	5,530
福岡支店	3,320	4,230	4,130	2,270	2,280

1

まず、2018年度の「名古屋支店の売上高に対する東京支店の売上高の比率」を分数で表してみるニャ！

「Bに対するAの比率」は $\dfrac{A}{B}$ と表しますので、$\dfrac{5870}{2990}$ となります。**分子が分母のおよそ何倍か**を調べてみると、2倍弱であることがわかります。

ということは、これより比率が大きい年度が他にあれば、この選択肢は誤りニャ！

　表中に2倍弱より大きい比率になる年度がないか探してみると、2022年度が見つかります。2022年度の比率である $\dfrac{6140}{2460}$ について、同様に分子が分母のおよそ何倍かを調べてみると、詳しい計算をしなくても2倍を大きく超えていることがわかります。よって、名古屋支店の売上高に対する東京支店の売上高の比率が最も大きいのは2018年度ではありません。

$$\underset{\text{2倍未満}}{\left(\dfrac{5870}{2990}\right.} \quad \underset{}{<} \quad \left.\dfrac{6140}{2460}\right)\underset{\text{2倍超}}{}$$

| 2018年度 | 2022年度 |

2 〇

今度は増加率の比較ニャ！ 増加率の計算方法を思い出すニャ！

「2020年度の売上高の対前年度増加率」について、東京支店と大阪支店を比べてみます。対前年度増加率は、$\dfrac{当年度の値－前年度の値}{前年度の値} \times 100$で計算できるので、それぞれ当てはめてみます。

$$
\begin{cases}
東京支店：\dfrac{6240 - 5680}{5680} \times 100 = \dfrac{560}{5680} \times 100 \fallingdotseq 9.86[\%] \\[3mm]
大阪支店：\dfrac{4940 - 4250}{4250} \times 100 = \dfrac{690}{4250} \times 100 \fallingdotseq 16.2[\%]
\end{cases}
$$

よって、2020年度の売上高の対前年度増加率は、東京支店より大阪支店のほうが大きいため、この選択肢が正解です。

ただ、正確に計算しなくても分数部分を比べると、大阪支店のほうが分子が大きく分母が小さいので、分数の値が大きいことがわかります。

$$
\begin{array}{ccc}
東京支店 & < & 大阪支店 \\
\dfrac{560}{5680} & \small{小}分子\small{大} \atop \small{大}分母\small{小} & \dfrac{690}{4250}
\end{array}
$$

正確に計算しなくても、分数にした段階でどちらが大きいかすぐわかるニャ！

正解がわかったので、本当の試験だったらこれ以上他の選択肢をチェックする必要はないニャ！

3 ✖

> 今度は減少率ニャ！「減少率が小さい」ということの意味合いに注意するニャ！

「名古屋支店における売上高の対前年度減少率」について、2021年度と2022年度を比べてみます。$\dfrac{\text{前年度の値}-\text{当年度の値}}{\text{前年度の値}}\times100$で計算できるので、それぞれ当てはめてみます。

$$2021年度：\frac{4450-3980}{4450}\times100=\frac{470}{4450}\times100\fallingdotseq10.6[\%]$$

$$2022年度：\frac{3980-2460}{3980}\times100=\frac{1520}{3980}\times100\fallingdotseq38.2[\%]$$

2021年度 ＜ 2022年度

$\dfrac{470}{4450}$ 小 分子 大 $\dfrac{1520}{3980}$

大 分母 小

> これも、正確に計算しなくても**2022年度のほうが分数の値が大きくなる**ことがすぐわかるニャ！

> 分数の値が大きいということは**前年度から減少した割合が大きい**ということニャ！

よって、名古屋支店における売上高の対前年度減少率は、2021年度より2022年度のほうが大きくなります。

4 ✗ 「大阪支店における2018年度の売上高」を100としたときの指数120の値を計算し、2021年度の値と比べてみます。

指数120の値は20％増の値と等しくなるので、**2018年度の値を1.2倍**して求めることができます。

4430
× 1.2
5316 ＜ 5440

指数120の値

実際の2021年度の値は5,440で**指数120の値より大きい**ことがわかります。

よって、大阪支店における2018年度の売上高を100としたとき、大阪支店の2021年度の売上高の指数は120を上回ります。

5 ✗

最後は平均ニャ！ 足し算を間違えないように注意ニャ！

「福岡支店における2018年度から2022年度までの５年間における売上高の平均は3,000百万円を下回る」ということは、５つの年度の売上高を合計した値が、**3,000百万円の５倍である15,000百万円より小さい値**であるということです。

実際に足し算して確かめると、3320＋4230＋4130＋2270＋2280＝16230となり、**15,000百万円より大きい値**となります。

3320
4230
4130
2270
＋ 2280
16230 ＞ 15000

よって、福岡支店における2018年度から2022年度までの５年間における売上高の平均は3,000百万円を上回ります。

正解 2

第2節 総数と構成比の資料

大きい数のかけ算を何度もすることになるので、割合や大小関係を
スピーディーに比較するコツを身につけておきましょう。

 例題67

次の資料は、ある高校における入学者数と性別の構成比を年度ごとに
示したものである。2019年度から2020年度にかけて、男子生徒の入学者
数の増加率は30％を上回るといえるか。

オリジナル

	総数	男子生徒	女子生徒
2019年度	1,540人	45%	55%
2020年度	1,694人	54%	46%

総数以外は「％」の情報しかないニャ…。

大丈夫ニャ！これだけの情報で比べることができるニャ！

例えば、「1,000人のうち、50％が女性」という情報に基づいて女性の人数を
求める場合、1000×0.5＝500[人]という計算をします。これと同じように、総
数と構成比が与えられていれば、それぞれの値は総数×構成比という計算で求
めることができます。

2019年度と2020年度の男子の入学者数を計算して増加率を求めてみると、増
加率は約32％で、30％を上回っていることがわかります。

$$\begin{cases} 2019年度：1540×0.45＝693[人] \\ 2020年度：1694×0.54＝914.76≒915[人] \end{cases} \Rightarrow \frac{915-693}{693}×100≒32[\%]$$

何とか解けたけど、計算の手間が多くて大変ニャ…。

1つ役立つテクニックを教えておくニャ！

　この例題では、総数が1,540人から1,694人へと増加しており、この増加率は10%となります。一方、男子生徒の構成比（%）は45%から54%へと増加しており、この増加率は20%となります。

総数	「男子生徒」の構成比
1540	45
＋　 154（10%）	4.5（10%）
1694（10%増）	＋　 4.5（10%）
	54　（20%増）

　ここで、**総数の増加率と男子生徒の構成比の増加率をかけ合わせる**と、男子生徒の増加率を求めることができます。総数は10%増なので1.1倍、男子生徒の構成比は20%増なので1.2倍ですから、1.1 × 1.2 ＝ 1.32［倍］となり、増加率が30%を上回っていることがわかります。

STUDY　総数と構成比の資料

　総数と構成比が与えられている場合、各要素の数は総数×構成比を計算することで求めることができます。また、総数の増加率と構成比の増加率をかけ合わせたものが、各要素の増加率となります。

正　解　**30%を上回る**

次の資料は、2019年と2023年において、ある高校の生徒に好きなスポーツを質問したアンケート結果を、構成比で示したものである。これらから確実にいえるのはどれか。　　　　　　　　　　　　　　　　オリジナル

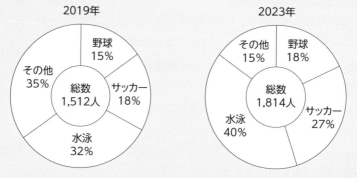

1　2019年に野球を好きと回答した人数を100としたときの2023年のそれの指数は、130を下回っている。

2　サッカーを好きと回答した人数の2019年に対する2023年の増加率は、野球のそれの2倍を上回っている。

3　2019年にその他のスポーツを好きと回答した人数は、2023年にサッカーを好きと回答した人数より少ない。

4　2019年に対する2023年の回答者数の比率についてみると、最も大きいのはサッカーで、最も小さいのはその他のスポーツである。

5　水泳を好きと回答した人数を比べると、2023年は2019年を250人以上上回っている。

　　　最初に、総数の増加率がどのくらいか調べておくといいニャ！

　2019年の総数1,512人 ≒ 1,510人の10％は151人ですが、これを2回足すと1510 ＋151＋151＝1812〔人〕となり、2023年の総数とほぼ等しくなります。よって、**総数の増加率は約20％**だとわかります。

1 ✕

指数130の値は、30％増の値と等しくなるニャ！

「野球を好きと回答した人数」の構成比は、15％から18％へと増加しており、15に対する18の**増加率は20％**です。冒頭に確認したとおり、**総数の増加率も約20％**でしたので、「野球を好きと回答した人数」は1.2×1.2＝1.44［倍］より、44％増加しています。指数で示すと144となり、130を上回ります。

$$
\begin{array}{r}
15 \\
1.5\,(10\%) \\
+\quad 1.5\,(10\%) \\
\hline
18\quad(20\%増)
\end{array}
$$

　よって、2019年に野球を好きと回答した人数を100としたときの2023年のそれの指数は、130を上回ります。

ちなみに、こんな計算方法もあるニャ！

　指数130の値を求めるには、30％増、すなわち1.3倍すればよいことになります。「2019年に野球を好きと回答した人数」の1.3倍は、1510×0.15×1.3［人］と計算します。ここで、総数の増加率が20％とわかっていることを利用すると、2023年の総数は1510×1.2［人］となります。すると、「2023年に野球を好きと回答した人数」は、1510×1.2×0.18［人］となります。

　さらに共通部分を除くと結局、**0.15×1.3と1.2×0.18の値の大小を比べればよい**ことになります。0.15×1.3＝0.195、1.2×0.18＝0.216なので、後者のほうが大きい値であることが確かめられます。

2 ✕

これはラッキーニャ！ 前の選択肢で計算した数値が使えるニャ！

　「サッカーを好きと回答した人数」の構成比は、18
％から27％へと増加しており、18の半分（50％）に当
たる9を加えると27になることから**増加率は50％**です。
総数の増加率が約20％でしたので、「サッカーを好き

$$\begin{array}{r} 18 \\ +\ \ \ 9\ (50\%) \\ \hline 27\ (50\%増) \end{array}$$

と回答した人数」は1.2×1.5＝1.8［倍］より、80％増加しています。これは、「野
球を好きと回答した人数」の増加率44％を2倍した88％を下回ります。
　よって、サッカーを好きと回答した人数の2019年に対する2023年の増加率は、
野球のそれの2倍を下回ります。

3 ✕ 「2019年にその他のスポーツを好きと回答した人数」と、「2023年にサ
ッカーを好きと回答した人数」について、**総数×構成比**を計算して比べましょう。
　「2019年にその他のスポーツを好きと回答した人数」は1510×0.35＝528.5≒
529［人］です。一方、「2023年にサッカーを好きと回答した人数」は1810×0.27
＝488.7≒489［人］です。
　よって、2019年にその他のスポーツを好きと回答した人数は、2023年にサッ
カーを好きと回答した人数より多いです。

4 ○

まともに計算すると大変だから、うまく工夫してみるニャ！

　「2019年に対する2023年の回答者数の比率」とは、$\dfrac{2023年の総数×構成比}{2019年の総数×構成比}$ で

すが、**最大と最小が確かめられればよく**、$\dfrac{2023年の総数}{2019年の総数}$ の部分は共通なので、

$\dfrac{2023年の構成比}{2019年の構成比}$だけを取り出して比べればよいことになります。「%」で示された数の増加率を項目ごとに比べてみましょう。

野球	サッカー	水泳	その他
$\dfrac{18}{15}$	$\dfrac{27}{18}$	$\dfrac{40}{32}$	$\dfrac{15}{35}$

　分子が分母より小さいもの、つまり**分数の値が1を下回るのは「その他」だ**けなので、最も比率が小さいものは「その他」だとわかります。サッカーは分子が分母の1.5倍、つまり$\dfrac{3}{2}$ですが、**野球、水泳の分子は分母の1.5倍より小さい**ことから、最も比率が大きいものはサッカーだとわかります。

　よって、2019年に対する2023年の回答者数の比率についてみると、最も大きいのはサッカーで、最も小さいのはその他のスポーツです。

5　✗

　これも割と計算量が少なく済みそうな選択肢ニャ！

　水泳を好きと回答した人数について、2019年と2023年をそれぞれ計算して人数差をチェックしましょう。

　2019年は$1510 \times 0.32 = 483.2 \fallingdotseq 483$[人]、2023年は$1810 \times 0.4 = 724$[人]となります。人数差は$724 - 483 = 241$[人]です。

　よって、水泳を好きと回答した人数を比べると、2023年は2019年を250人以上上回っていません。

正 解　4

第3節 増加率の資料

ここでは、すでに学習した増加率で表示された資料を扱います。計算を簡単にするための工夫を身につけましょう。

例題69

次の資料は、ある商品の生産量の対前年増加率の推移である。2018年に対する2023年の生産量の増加率は10％を上回るといえるか。

オリジナル

2019年	2020年	2021年	2022年	2023年
2％	5％	－2％	－3％	6％

今度は、増加率だけが書かれた資料が出てきたニャ…。

増加率については前に扱ったとおりニャ！
でも、増加率だけの資料が出てきたらいくつか注意が必要ニャ！

まず、表の左端にある2019年の対前年増加率2％というのは、**2019年の前年である2018年**に対して2％増加したことを意味しています。

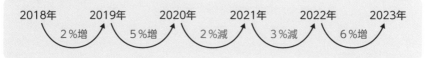

また、この資料には実数が一切書かれていないため、**実際の生産量の規模を知ることはできません**。わかるのは、それぞれ前年と比べたときの増減の具合だけです。

例題で問われている、「2018年に対する2023年の生産量の増加率」の計算方法はわかるニャ？

2018年の生産量を基準とすると、2019年の生産量はその1.02倍です。2020年はさらにその1.05倍なので、1.02×1.05倍となります。このように、**基準年が遠ければ遠いほど、増加率のかけ算を重ねなければなりません**。2023年の生産量の増加率は、1.02×1.05×0.98×0.97×1.06＝1.079178156と計算でき、約7.9％弱の増加率であるため10％を上回っていないことがわかります。

計算方法はわかったニャ…。でもとてもこんな計算できないニャ！

大丈夫ニャ！ 計算がすごく楽になる方法があるニャ！

　資料解釈の問題では正確な値ではなくおおよその値で判断できることが多いため、上のような正確さを犠牲にして計算を楽にするほうが有効な場面が多くあります。これから紹介する、小さい増加率を簡便に計算する方法を近似法（きんじほう）と呼ぶことにします。

　近似法では、増加率2％を＋2、増加率−3％を−3として、％表記された値を単純に加減していきます。近似法を使って例題の増加率を計算してみましょう。

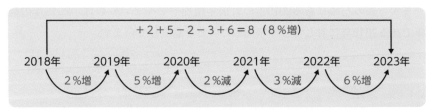

＋2＋5−2−3＋6＝8（8％増）

2018年　2019年　2020年　2021年　2022年　2023年
　　2％増　5％増　2％減　3％減　6％増

　近似法で計算した値が8％、正確に計算した値が7.9％で、0.1％ほどしかずれていないことがわかります。

すごいニャ！ これなら計算が苦にならないニャ！

ただ、この方法はいつでもどこでも使えるわけじゃないニャ！

　増加率が大きくなればなるほど、近似法で計算した値と正確に計算した値とのずれが大きくなります。問題文に対する判断を誤らないためには、近似法は**増加率が－10%～10%の範囲内であるときにのみ使う**ようにしましょう。

　なお、増加率（%）のみでなく、指数の計算においても近似法を同様に使うことができます。

STUDY　増加率の資料

　増加率のみが与えられている資料では基準となる値との増減割合がわかるのみで、実際の数量を具体的に知ることができません。

　また、－10%～10%の範囲内の増加率を計算する場合、微小な値を無視する近似法を用いるのが有効です。

正　解　**10%を上回っていない**

次の資料は、A、B2つの商品について売上高の対前年増加率の推移を年ごとに示したものである。これらから確実にいえるのはどれか。

オリジナル

	2019年	2020年	2021年	2022年	2023年
商品A	3%	5%	−1%	−2%	4%
商品B	−6%	2%	7%	20%	−5%

1 商品Aの売上高について、2019年に対する2023年の増加率は10%を上回る。

2 商品Bの売上高について、2018年に対する2023年の増加率は20%を上回る。

3 2018年から2023年の6年間において、商品Aの売上高が最大なのは2023年である。

4 商品Bの売上高に対する商品Aのそれの比率は、2019年よりも2020年のほうが小さい。

5 2020年から2023年にかけて、商品Bの売上高に対する商品Aのそれの比率は常に増加している。

1

増加率が−10%〜10%の範囲内に収まってるから、近似法が使えるニャ！

商品Aの売上高について、2019年に対する2023年の増加率を**近似法**で求めると、5−1−2+4＝6[％]となります。

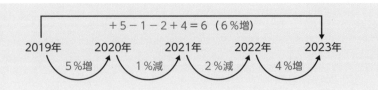

よって、商品Aの売上高について、2019年に対する2023年の増加率は10%を下回ります。

　ちなみに正確に計算すると、$1.05 \times 0.99 \times 0.98 \times 1.04 = 1.0594584$より、約5.9%増となります。

2　✖

2022年の増加率が20%だから**近似法が使えない**ニャ…。

割合の計算と近似法を組み合わせて計算してみるニャ！

　商品Bの売上高について、2018年に対する2023年の増加率は**対前年20%増の2022年以外に近似法を用いる**と、$-6+2+7-5 = -2$[%]となります。2%減、つまり0.98と、20%増、つまり1.20をかけ合わせると、$0.98 \times 1.20 = 1.176$となり、増加率は17.6%となります。

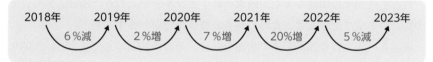

2018年		2019年		2020年		2021年		2022年		2023年
	6％減		2％増		7％増		20％増		5％減	

　よって、商品Bの売上高について、2018年に対する2023年の増加率は20%を下回ります。

　ちなみに正確に計算すると、$0.94 \times 1.02 \times 1.07 \times 1.20 \times 0.95 = 1.16954424$より、約17%増となります。

3　〇

実数はわからないのに売上高が問われてるニャ…。

具体的な規模はわからなくても、増加率があればどこが最大かわかるニャ！

2018年の売上高に対する増加率を近似法で足し合わせていき、**最も大きい値になった年の売上高が最大**となります。

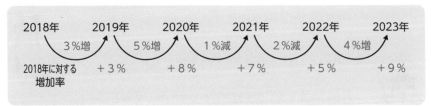

2018年から2023年の6年間において、商品Aの売上高が最大なのは2023年であり、これが正解です。

ちなみに、図を描くと比べるところがわかりやすくなるニャ！

対前年増加率の問題で実数が最大・最小となる年を問われた場合、おおよその折れ線グラフを作ると、比べるべきところがわかります。

商品Aの売上高は2020年まで増加を続け、その後2022年まで減少し、2023年に増加しています。これを折れ線グラフにすると、下のようになります。

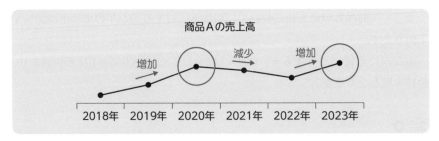

最大になる可能性のある2020年と2023年の売上高を近似法で比べると、2023年のほうが大きいことがわかります。

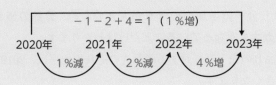

$$-1-2+4=1（1％増）$$

2020年　2021年　2022年　2023年

1％減　　2％減　　4％増

4 **✕**

選択肢の表現がちょっと難しく感じるニャ…。

きちんと意味を理解すれば大丈夫ニャ！

「商品Bの売上高に対する商品Aのそれの比率」とは $\dfrac{商品Aの売上高}{商品Bの売上高}$ のこと

ですが、例題の資料には増加率しか示されていないため、具体的な数値を分数にして大小比較することはできません。ここでは、**2020年の対前年増加率に注目**します。

商品Aの対前年増加率は5％なので、2019年から2020年にかけて、**分子の数値は5％増えた**ことになります。一方、商品Bの対前年増加率は2％なので、2019年から2020年にかけて、**分母の数値は2％増えた**ことになります。

2019年の比率　大きく増加　2020年の比率
　　　　　　　　5％増加

$$\dfrac{2019年の商品Aの売上高}{2019年の商品Bの売上高} < \dfrac{2020年の商品Aの売上高}{2020年の商品Bの売上高}$$

小さく増加
2％増加

すると、この２年間の具体的な売上高については一切わからないものの、分母の増加率より分子の増加率のほうが大きいため、**分数の値が2019年より2020年のほうが大きくなっている**ことだけはわかります。

　よって、商品Ｂの売上高に対する商品Ａのそれの比率は、2019年よりも2020年のほうが大きくなります。

5　✖

> これも選択肢の意味がわかりづらいニャ…。

　選択肢が意味するところは、$\dfrac{\text{商品Ａの売上高}}{\text{商品Ｂの売上高}}$ という分数の値が、**2020年から2023年にかけて一度も減少することなく増加し続けている**、ということです。前の年に比べて分数の値が小さくなるところが**１つでもあれば、この選択肢は誤り**となります。分数の値が前の年より小さくなるのはどういう場合かというと、**分母の増加率のほうが分子の増加率より大きい値**であるときです。

　例えば2021年は、商品Ａの売上高が前年より減少する一方、商品Ｂの売上高が前年より増加しています。つまり分子が減少して分母が増加しています。このため、前年より小さい値になっています。

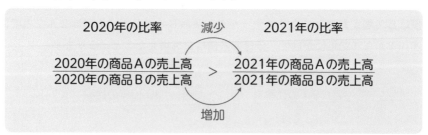

　よって、2020年から2023年にかけて、商品Ｂの売上高に対する商品Ａのそれの比率は常に増加してはいません。

［ 正 解 ］ **3**

例題71

　次の資料は、ある２つの大学の入学志願者数について、対前年増加率の推移を年ごとに示したものである。これらから確実にいえるのはどれか。

オリジナル

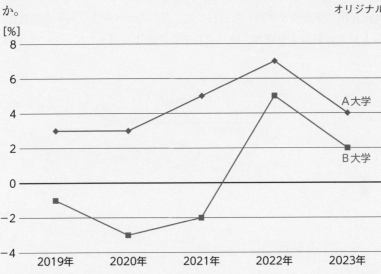

1　2018年から2023年までのうち、Ａ大学の入学志願者数が最も多いのは2022年である。

2　2018年から2023年までのうち、Ｂ大学の入学志願者数が最も少ないのは2020年である。

3　Ａ大学の入学志願者数は、2019年と2020年で同じ人数である。

4　2019年におけるＡ大学の入学志願者数を100としたとき、2023年におけるＡ大学の入学志願者数の指数は130を上回っている。

5　Ｂ大学の入学志願者数に対するＡ大学の入学志願者数の割合は、2019年から2023年まで常に増加している。

グラフの資料が出てきたニャ！

増加率のグラフに定番の引っかけがあるから注意するニャ！

対前年増加率をグラフにした資料では、0％のライン上は前年から変化なし、**0％より上は前年より増加、0％より下は前年より減少**していることを示します。

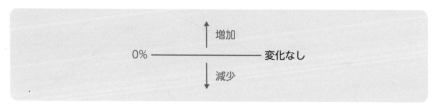

1 ✖

A大学の折れ線グラフは2022年が一番高い値になってるニャ…。

気をつけるニャ！ 入学志願者数じゃなくて入学志願者数の増加率が最高ということニャ！

A大学の折れ線グラフは2019年から2023年まで一貫して0％のラインより上の領域にあります。これは、**すべての年において前年より入学志願者数が増えている**ことを示しています。

2023年の対前年増加率は4％なので、2022年より入学志願者数が増えています。**折れ線グラフが下降したとしても、0％より上の領域にある限り実数は前年より増加する**点に注意しましょう。

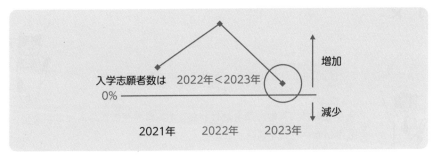

よって、2018年から2023年までのうち、A大学の入学志願者数が最も多いのは2022年ではありません。

2 ✗

これもさっきと同じ考え方ニャ!

B大学の折れ線グラフは2020年に最も下の位置を示した後、2021年に少し上昇しているものの、まだ0%のラインより下の領域にあります。これは、**2021年においても前の年より入学志願者数が減少している**ことを示しています。

2021年の対前年増加率は-2%なので、2020年より入学志願者数が減っています。**折れ線グラフが上昇したとしても、0%より下の領域にある限り実数は前年より減少する**点に注意しましょう。

よって、2018年から2023年までのうち、B大学の入学志願者数が最も少ないのは2020年ではありません。

3 ✕

Ａ大学のグラフは2019年から2020年にかけて水平に見えるニャ…。

水平なのは、入学志願者数じゃなくて入学志願者数の増加率が変化していないことを意味するニャ！

　グラフは約３％のところで横ばいに見えますが、これは2019年も2020年も**前の年より３％ずつ増えた**ことを意味します。このため、2020年の入学志願者数のほうが2019年の入学志願者数より多くなります。

　よって、Ａ大学の入学志願者数は、2019年と2020年で同じ人数ではありません。

4 ✕

指数の計算も近似法を使って計算できるニャ！

　2019年におけるＡ大学の入学志願者数を100として、2023年におけるＡ大学の入学志願者数を指数で表すと130を上回るかどうか、近似法を使って計算してみましょう。

　グラフの値を読み取り、指数を近似法で計算すると次のとおりで、$100+3+5+7+4=119$ となります。

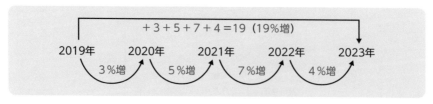

$+3+5+7+4=19$（19％増）

2019年　2020年　2021年　2022年　2023年

3％増　　5％増　　7％増　　4％増

　よって、2019年におけるＡ大学の入学志願者数を100としたとき、2023年におけるＡ大学の入学志願者数の指数は130を下回ります。

ちなみに、正確に計算すると1.03×1.05×1.07×1.04＝1.2034932≒1.20となり、指数は約120です。

5　〇

また割合の計算が出てきたニャ…。計算面倒ニャ…。

大丈夫ニャ！グラフだからこそ一目で判断できるニャ！

　B大学の入学志願者数に対するA大学の入学志願者数を分数で表すと、$\dfrac{A大学の入学志願者数}{B大学の入学志願者数}$ となります。この分数の値が、一貫して前年より大きくなり続けているかどうかが問われています。**分数の値が大きくなるには、分子の増加率が分母の増加率より大きいことが必要**です。資料を見ると、A大学のグラフはB大学のグラフより常に上の位置にあります。このことは、**A大学の入学志願者の対前年増加率が、常にB大学のそれより大きい値である**ことを意味します。つまり、常に分子の増加率が分母の増加率より大きいため、求める割合は常に増加しています。

　よって、B大学の入学志願者数に対するA大学の入学志願者数の割合は、2018年から2023年まで常に増加しており、これが正解です。

　ちなみに、仮にA大学のグラフが少しでもB大学のグラフより下に位置するところがあれば、求める割合が常に増加しているとはいえなくなります。

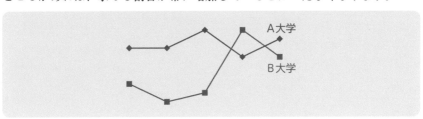

A大学

B大学

正解　5

次の表から確実にいえるのはどれか。

特別区 I 類 2022

国産木材の素材生産量の推移

(単位　千m³)

区　分	平成27年	28	29	30	令和元年
あかまつ・くろまつ	779	678	641	628	601
す　　　　　ぎ	11,226	11,848	12,276	12,532	12,736
ひ　の　き	2.364	2,460	2,762	2,771	2,966
か　ら　ま　つ	2,299	2,312	2,290	2,252	2,217
えぞまつ・とどまつ	969	1,013	1,090	1,114	1,188

1　平成29年の「あかまつ・くろまつ」の素材生産量の対前年減少率は、令和元年のそれより小さい。

2　平成27年の「すぎ」の素材生産量を100としたときの令和元年のそれの指数は、115を上回っている。

3　平成27年から令和元年までの5年における「ひのき」の素材生産量の1年当たりの平均は、2,650千m³を上回っている。

4　表中の各年とも、「からまつ」の素材生産量は、「えぞまつ・とどまつ」の素材生産量の1.9倍を上回っている。

5　令和元年の「えぞまつ・とどまつ」の素材生産量の対前年増加量は、平成29年のそれを上回っている。

1　✗　「あかまつ・くろまつ」の素材生産量について、平成29年と令和元年の対前年減少率を計算すると、平成29年は $\dfrac{678-641}{678}\times100=\dfrac{37}{678}\times100$、令和元年は $\dfrac{628-601}{628}\times100=\dfrac{27}{628}\times100$ となります。分数部分だけ抽出して比べると、$\dfrac{37}{678}$ は**分母が分子の20倍未満**、$\dfrac{27}{628}$ は**分母が分子の20倍超**なので、$\dfrac{37}{678}>\dfrac{27}{628}$ となります。

$$37\times20=740 \qquad 27\times20=540$$

20倍未満 $\dfrac{37}{678}$ ＞ $\dfrac{27}{628}$ 20倍超

　よって、平成29年の「あかまつ・くろまつ」の素材生産量の対前年減少率は、令和元年のそれより大きいです。

2　✗　平成27年の「すぎ」の素材生産量である11,226 ≒ 11,200を100としたときに、**指数115に当たる量を計算し、令和元年の値と比べてみます**。指数115に当たる値は11200＋1120＋560＝12880であり、令和元年の素材生産量である12,736より大きくなります。

```
  11200
   1120 （指数10）
+   560 （指数5）
 12880 （指数115）＞ 12736
```

　よって、平成27年の「すぎ」の素材生産量を100としたときの令和元年のそれの指数は115を下回ります。

3　○　「ひのき」の5年間の素材生産量を合計した値が2650×5＝13250［千m³］を超えていれば、**1年当たりの平均が2,650千m³を上回る**ことになります。

　上から4桁目を四捨五入した数で合計すると、2360＋2460＋2760＋2770＋2970＝13320［千m³］となり、平均の5倍の値を上回ります。

```
  2360
  2460
  2760
  2770
+ 2970
 13320 ＞ 13250
```

よって、平成27年から令和元年までの5年における「ひのき」の素材生産量の1年当たりの平均は、2,650千m³を上回り、これが正解です。

4　**✕**　「からまつ」の素材生産量が「えぞまつ・とどまつ」の素材生産量の1.9倍を上回らない年が**1年でもあれば、この選択肢は誤り**となります。令和元年に着目すると、「えぞまつ・とどまつ」が$1,188 \fallingdotseq 1,190$[千m³]なので、この1.9倍は$1190 \times 2 - 119 = 2261$（もしくは$1190 \times 1.9 = 2261$と単純に計算）となり、「からまつ」の素材生産量である2,217[千m³]はこれを下回っています。

$$
\begin{array}{r}
1190 \\
\times \quad 2 \ (2倍) \\
\hline
2380 \\
- \quad 119 \ (10\%) \\
\hline
2261 \ (1.9倍) \ > \ 2217
\end{array}
$$

　よって、表中の各年とも、「からまつ」の素材生産量は、「えぞまつ・とどまつ」の素材生産量の1.9倍を上回っているとはいえません。

5　**✕**　上から4つ目の位を四捨五入した数で合計すると、令和元年の「えぞまつ・とどまつ」の素材生産量の対前年増加量は$1190 - 1110 = 80$[千m³]、平成29年の「えぞまつ・とどまつ」の素材生産量の対前年増加量は$1090 - 1010 = 80$[千m³]となり、同じ値になってしまいます。
　このように**概算値を用いることで値どうしが等しくなったり、僅差になったりする場合は、正確な値を使って計算しましょう**。令和元年の「えぞまつ・とどまつ」の素材生産量の対前年増加量は$1188 - 1114 = 74$[千m³]、平成29年の「えぞまつ・とどまつ」の素材生産量の対前年増加量は$1090 - 1013 = 77$[千m³]です。
　よって、令和元年の「えぞまつ・とどまつ」の素材生産量の対前年増加量は、平成29年のそれを下回ります。

次の表から確実にいえるのはどれか。

特別区Ⅰ類 2020

酒類の生産量の推移

（単位　1,000kL）

区　分	平成24年度	25	26	27	28
ビ　ー　ル	2,803	2,862	2,733	2,794	2,753
焼　ち　ゅ　う	896	912	880	848	833
清　　　酒	439	444	447	445	427
ウイスキー類	88	93	105	116	119
果　実　酒　類	91	98	102	112	101

1　平成27年度のビールの生産量の対前年度増加量は、平成25年度のそれを下回っている。

2　表中の各区分のうち、平成25年度における酒類の生産量の対前年度増加率が最も小さいのは、焼ちゅうである。

3　平成24年度のウイスキー類の生産量を100としたときの平成26年度のそれの指数は、120を上回っている。

4　平成25年度から平成28年度までの4年度における果実酒類の生産量の1年度当たりの平均は、10万3,000kLを上回っている。

5　表中の各年度とも、ビールの生産量は、清酒の生産量の6.2倍を上回っている。

HINT　単位について

　単位が［1,000kL］とあるので、例えば平成24年のビールの生産量は2,803［1000kL］、つまり2803×1000＝2803000［kL］（280万3,000kL）となります。

1 ✕ 上から4つ目の位を四捨五入した数で合計すると、平成27年度のビールの生産量の対前年度増加量は2790－2730＝60[1,000kL]、平成25年度のビールの生産量の対前年度増加量は2860－2800＝60[1,000kL] となり、**概算することで同じ値になってしまうので、正確な値で計算します。**

すると、平成27年度は2794－2733＝61[1,000kL]、平成25年度は2862－2803＝59[1,000kL]となります。

よって、平成27年度のビールの生産量の対前年度増加量は、平成25年度のそれを上回ります。

2 ✕ 平成25年度における生産量の対前年度増加率が焼ちゅうより小さいものがあれば、この選択肢は誤りとなります。まず焼ちゅうの対前年度増加率を求める

と、$\dfrac{912-896}{896} \times 100 = \dfrac{16}{896} \times 100$となります。他の種類についても同じ計算をするので、「×100」の部分を省いて分数のみを比較します。

この分数の値が小さくなるのは、**分子（対前年度増加量）が小さく、分母（前年度の生産量）が大きいもの**なので、清酒に注目してみます。

平成25年度における清酒の生産量の対前年度増加率を求めると、$\dfrac{444-439}{439}$ $\times 100 = \dfrac{5}{439} \times 100$となります。$\dfrac{16}{896}$と$\dfrac{5}{439}$を比べると、$\dfrac{16}{896}$は**分母が分子の60倍未満**、$\dfrac{5}{439}$は**分母が分子の80倍超**なので、$\dfrac{16}{896} > \dfrac{5}{439}$となります。

$$\boxed{16 \times 60 = 960} \qquad \boxed{5 \times 80 = 400}$$

$$\text{60倍未満}\left(\dfrac{16}{896}\right. > \left.\dfrac{5}{439}\right)\text{80倍超}$$

よって、表中の各区分のうち、平成25年度における酒類の生産量の対前年度増加率が最も小さいのは、焼ちゅうではありません。

3 ✕ 平成24年度のウイスキー類の生産量を100としたときに、**指数120に当たる量を計算し、平成26年度の値と比べてみます。**指数120に当たる値は88

＋8.8＋8.8＝105.6（もしくは88×1.2＝105.6と単純に計算）であり、平成26年度の生産量である105より大きくなります。

$$
\begin{array}{r}
88 \quad \text{（指数100）}\\
8.8 \quad \text{（10\%）}\\
+\quad 8.8 \quad \text{（10\%）}\\
\hline
105.6 \quad \text{（20\%増：指数120）} > 105
\end{array}
$$

よって、平成24年度のウイスキー類の生産量を100としたときの平成26年度のそれの指数は、120を下回ります。

4 ○ 記述にある「10万3,000kL」は、［1,000kL］という単位に合わせれば103［1,000kL］となります。果実酒類の４年間の生産量を合計した値が103×4＝412［1,000kL］を超えていれば、**1年度当たりの平均が10万3,000kLを上回る**ことになります。

実際に合計すると、98＋102＋112＋101＝413［1,000kL］となり、平均の４倍の値を上回ります。

$$
\begin{array}{r}
98\\
102\\
112\\
+\quad 101\\
\hline
413 > 412
\end{array}
$$

よって、平成25年度から平成28年度までの４年度における果実酒類の生産量の１年度当たりの平均は、10万3,000kLを上回っており、これが正解です。

5 ✕ ビールの生産量が、清酒の生産量の6.2倍を上回らない年度が**1年度でもあれば、この選択肢は誤り**となります。よって、できるだけ清酒の生産量が大きく、ビールの生産量が少ない平成26年度に着目すると、清酒の生産量が447［1,000kL］なので、この6.2倍は2771.4［1,000kL］となり、ビールの生産量である2,733［1,000kL］はこれを下回っています。

よって、表中の各年度とも、ビールの生産量は、清酒の生産量の6.2倍を上回っているとはいえません。

難易度 **A**

次の表から確実にいえるのはどれか。

特別区Ⅰ類 2021

海面養殖業の収穫量の推移

(単位 t)

区 分	平成26年	27	28	29	30
のり類（生重量）	276,129	297,370	300,683	304,308	283,688
かき類（殻付き）	183,685	164,380	158,925	173,900	176,698
ほ た て が い	184,588	248,209	214,571	135,090	173,959
ぶ り 類	134,608	140,292	140,868	138,999	138,229
ま だ い	61,702	63,605	66,965	62,850	60,736

1 平成28年の「のり類（生重量）」の収穫量の対前年増加量は、平成29年のそれを上回っている。

2 平成26年の「かき類（殻付き）」の収穫量を100としたときの平成29年のそれの指数は、95を上回っている。

3 平成27年から平成30年までの4年における「ほたてがい」の収穫量の1年当たりの平均は、19万2,000tを下回っている。

4 表中の各年とも、「ぶり類」の収穫量は、「まだい」の収穫量の2.1倍を上回っている。

5 平成27年の「まだい」の収穫量の対前年増加率は、平成28年のそれより大きい。

HINT 桁数が多い数値の概算

　上から4つ目の位を四捨五入して計算すると、6桁の数値は下3桁が「000」、5桁の数値は下2桁が「00」となり、計算がしやすくなります。

　ただし、このことは6桁の数値であれば±1,000程度、5桁の数値であれば±100程度の誤差が生じ得ることも意味しますので、注意が必要です。

　すべての収穫量について、上から4つ目の位を四捨五入しておき、この値を使って計算することにします。

区　分	平成26年	27	28	29	30
のり類（生重量）	276,000	297,000	301,000	304,000	284,000
かき類（殻付き）	184,000	164,000	159,000	174,000	177,000
ほ た て が い	185,000	248,000	215,000	135,000	174,000
ぶ　　り　　類	135,000	140,000	141,000	139,000	138,000
ま　　だ　　い	61,700	63,600	67,000	62,900	60,700

1　✕　「のり類（生重量）」の収穫量の対前年増加量は、平成28年が301000－297000＝4000［t］、平成29年が304000－301000＝3000［t］となります。ただ、**四捨五入したことを考慮すると僅差であるため正確な値で計算してみると**、平成28年が300683－297370＝3313［t］、平成29年が304308－300683＝3625［t］となります。

　よって、平成28年の「のり類（生重量）」の収穫量の対前年増加量は、平成29年のそれを下回ります。

2　✕　平成26年の「かき類（殻付き）」の収穫量を100としたときに、**指数95に当たる量を計算し、平成29年の値と比べてみます**。指数95に当たる値は184000－9200＝174800［t］であり、平成29年の収穫量である174,000［t］より大きくなります。

　　　　　　　平成26年度
　　　　184000（指数100）　　　　　平成29年度
　－　　　9200（5％）
　　　174800（5％減：指数95）　＞　174000

　ただ、これも**四捨五入したことを考えると僅差であるため正確な値で計算し**てみると、183685×0.95＝174500.75［t］となるため、やはり平成29年の収穫量である173,900tより大きくなります。

　よって、平成26年の「かき類（殻付き）」の収穫量を100としたときの平成29年のそれの指数は、95を下回ります。

3 ✕ 「ほたてがい」の４年間の収穫量を合計した値が192000×4＝768000[t] を下回っていれば、**1年当たりの平均が19万2,000tを下回る**ことになります。

実際に合計すると、248000＋215000＋135000＋174000＝772000[t]となり、平均の４倍の値を上回ります。

$$
\begin{array}{r}
248000 \\
215000 \\
135000 \\
+\ 174000 \\
\hline
772000 \ > \ 768000
\end{array}
$$

よって、平成27年から平成30年までの４年における「ほたてがい」の収穫量の１年当たりの平均は、19万2,000tを上回ります。

4 ○ 「ぶり類」の収穫量が、「まだい」の収穫量の2.1倍を上回らない年が **1年でもあれば、この選択肢は誤りとなります。**

区　分	平成26年	27	28	29	30
ぶ　り　類	135,000	140,000	141,000	139,000	138,000
ま　だ　い	61,700	63,600	67,000	62,900	60,700
まだいの２倍	123,400	127,200	134,000	125,800	121,400
まだいの0.1倍	6,170	6,360	6,700	6,290	6,070
	129,570	133,560	140,700	132,090	127,470

上記のとおり、すべての年で「ぶり類」は「まだい」の2.1倍を上回っていますが、**平成28年が僅差であるため念のため正確な値で計算します。**すると、66965×2.1＝140626.5[t]となり、140,868tはこれを上回ることが確認できます。

よって、表中の各年とも、「ぶり類」の収穫量は、「まだい」の収穫量の2.1倍を上回っており、これが正解です。

5 ✕ 「まだい」の収穫量について、平成27年と平成28年の対前年増加率を計算すると、平成27年は $\dfrac{63600-61700}{61700} \times 100 = \dfrac{1900}{61700} \times 100 = \dfrac{19}{617} \times 100$、平成28年は $\dfrac{67000-63600}{63600} \times 100 = \dfrac{3400}{63600} \times 100 = \dfrac{34}{636} \times 100$ となります。分数部

分だけ抽出して比べると、$\frac{19}{617}$ は**分母が分子の30倍超**、$\frac{34}{636}$ は**分母が分子の20倍未満**なので、$\frac{19}{617} < \frac{36}{636}$ となります。

$$\boxed{19 \times 30 = 570} \qquad \boxed{34 \times 20 = 680}$$

$$\text{30倍超} \left(\frac{19}{617} \right. \quad < \quad \left. \frac{34}{636} \right) \text{20倍未満}$$

　よって、平成27年の「まだい」の収穫量の対前年増加率は、平成28年のそれより小さいです。

問題56

難易度　**A**

次の図から正しくいえるのはどれか。

東京都Ⅰ類 2020

日本におけるレトルト食品５品目の生産数量の推移

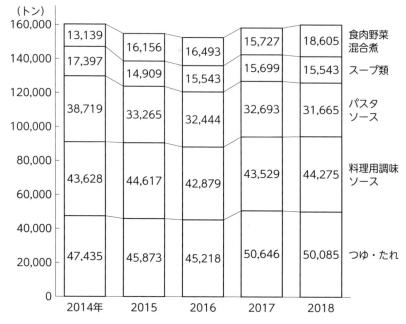

1　2014年における料理用調味ソースの生産数量を100としたとき、2018年における料理用調味ソースの生産数量の指数は105を上回っている。

2　2015年から2017年までについてみると、パスタソースの生産数量の３か年の累計に対する食肉野菜混合煮の生産数量の３か年の累計の比率は0.5を下回っている。

3　2015年から2017年までの各年についてみると、つゆ・たれの生産数量に対する料理用調味ソースの生産数量の比率は、いずれの年も0.9を上回っている。

4　2016年におけるレトルト食品の生産数量の対前年増加率を品目別にみると、５品目のうち最も大きいのはスープ類であり、最も小さいのはパスタソースである。

5　2016年から2018年までの各年についてみると、レトルト食品５品目の生産数量の合計に占めるつゆ・たれの生産数量の割合は、いずれの年も30％を下回っている。

　すべての生産数量について、上から4つ目の位を四捨五入しておき、この値を使って計算することにします。

	2014年	2015年	2016年	2017年	2018年
食肉野菜混合煮	13,100	16,200	16,500	15,700	18,600
スープ類	17,400	14,900	15,500	15,700	15,500
パスタソース	38,700	33,300	32,400	32,700	31,700
料理用調味ソース	43,600	44,600	42,900	43,500	44,300
つゆ・たれ	47,400	45,900	45,200	50,600	50,100

1　✕　2014年の料理用調味ソースの生産数量を100としたときに、**指数105に当たる量を計算し、2018年の値と比べてみます**。43,600の10%が4,360、5%がその半分の2,180なので、指数105に当たる値は43600＋2180＝45780［トン］であり、2018年の生産数量である44,300トンより大きくなります。

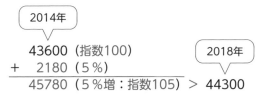

　　　　　　　　　　　　　　2014年

　　　　　　　　43600（指数100）
　　　　＋　　2180（5%）　　　　　　　　　　2018年
　　　　──────────────────
　　　　　　　　45780（5%増：指数105）　＞　44300

　よって、2014年における料理用調味ソースの生産数量を100としたとき、2018年における料理用調味ソースの生産数量の指数は105を下回ります。

2　〇　求める比率は $\dfrac{2015～2017年の食肉野菜混合煮の生産数量}{2015～2017年のパスタソースの生産数量}$ となり、この**分数の値が0.5を下回るかどうかを確かめればよい**ことになります。実際に計算してみると、分子は16200＋16500＋15700＝48400、分母は33300＋32400＋32700＝98400となります。分母を98,400にそろえ、分母の0.5倍（半分）の49,200を分子にした $\dfrac{49200}{98400}$ の比率が0.5となるので、$\dfrac{48400}{98400} < \dfrac{49200}{98400}$ （＝0.5）となります。

　よって、求める数値の比率は0.5を下回っており、これが正解です。

3 ✖ つゆ・たれの生産数量に対する料理用調味ソースの生産数量の比率が0.9を下回る年が**1年でもあれば、この選択肢は誤り**となります。求める比率は $\dfrac{\text{料理用調味ソースの生産数量}}{\text{つゆ・たれの生産数量}}$ となるため、分子に当たる料理用調味ソースの生産数量の値が小さく、分母に当たるつゆ・たれの生産数量の値が大きい2017年に着目してみましょう。2017年のつゆ・たれの生産数量が50,600トンなので、この0.9倍は45,540トンとなり、料理用調味ソースの生産数量である43,500トンはこれを下回っています。

よって、いずれの年も0.9を上回っているとはいえません。

4 ✖ 大きく減少しているパスタソースと料理用調味ソースについて、どちらの減少率が大きいか比べてみます。

パスタソースの対前年減少率は $\dfrac{33300-32400}{33300}\times100=\dfrac{900}{33300}\times100$ です。料理用調味ソースの対前年減少率を求めると、$\dfrac{44600-42900}{44600}\times100=\dfrac{1700}{44600}\times100$ です。「×100」の部分を省き、分数部分を約分して比べると、$\dfrac{9}{333}$ は**分母が分子の30倍超**、$\dfrac{17}{446}$ は**分母が分子の30倍未満**なので、$\dfrac{9}{333}<\dfrac{17}{446}$ となり、パスタソースより料理用調味ソースのほうが対前年増加率が小さいことがわかります。

$$\boxed{9\times30=270} \qquad \boxed{17\times30=510}$$

$$30倍超 \Big(\dfrac{9}{333} \quad < \quad \dfrac{17}{446}\Big) 20倍未満$$

よって、対前年増加率が最も小さいのはパスタソースではありません。

5 ✖ 求める比率は $\dfrac{\text{つゆ・たれの生産数量}}{5\text{品目の生産数量合計}}$ となり、この割合が30％、つまり分数の値が $\dfrac{3}{10}$ を上回る年が**1年でもあれば、この選択肢は誤り**となります。2017年に着目すると、5品目の生産数量合計は15700＋15700＋32700＋43500＋50600＝158200［トン］なので、$\dfrac{50600}{158200}$ となります。158200×0.3＝47460なので、

$\dfrac{50600}{158200} > \dfrac{47460}{158200} = \dfrac{3}{10}$ となり、2017年はつゆ・たれの生産数量が5品目の生産数量の30%を上回っていることがわかります。

　よって、いずれの年も30%を下回っているとはいえません。

問題 57

次の図から確実にいえるのはどれか。

特別区Ⅰ類 2018

大学入学者数及びその学科別構成比の推移

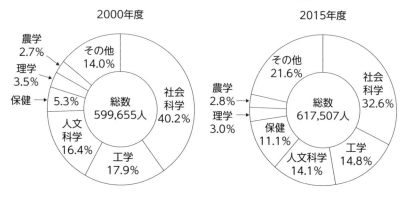

1 2000年度の工学の大学入学者数を100としたときの2015年度のそれの指数は、90を上回っている。

2 2015年度における理学の大学入学者数に対する社会科学の大学入学者数の比率は、2000年度におけるそれを上回っている。

3 保健の大学入学者数の2000年度に対する2015年度の増加数は、農学の大学入学者数のそれの35倍を上回っている。

4 社会科学の大学入学者数の2000年度に対する2015年度の減少率は、人文科学の大学入学者数のそれより大きい。

5 2015年度の社会科学の大学入学者数は、2000年度のそれの0.9倍を上回っている。

解　説　　　　　　　　　　　　　　　　　　　　**正　解**　4

　大学入学者総数について2000年度を600,000人、2015
年度を618,000人と概算して、総数の増加率を求める
と、3％です。

$$
\begin{array}{r}
600000 \\
6000\,(1\,\%) \\
6000\,(1\,\%) \\
+\quad 6000\,(1\,\%) \\
\hline
618000\,(3\,\%増)
\end{array}
$$

1　**✗**　2000年度の工学の大学入学者数を100としたときに、指数90に当たる
値は$600000 \times 17.9\% \times 0.9$であり、2015年度の値は$600000 \times 103\% \times 14.8\%$となり
ます。**共通部分を除いて**$17.9\% \times 0.9$と$103\% \times 14.8\%$の大小比較をすればよく、
指数90に当たる値は$0.179 \times 0.9 = 0.1611$、2015年度の値は$1.03 \times 0.148 = 0.15244$
となります。

　よって、2000年度の工学の大学入学者数を100としたときの2015年度のそれ
の指数は、90を下回ります。

　なお、**総数×構成比**をそれぞれ計算して大小比較することもできます。2000
年度は$600000 \times 17.9\% = 107400$［人］なので、これを100としたときの指数90に
当たる値は$107400 \times 0.9 = 96660$［人］です。

　2015年度は$618000 \times 14.8\% = 91464$［人］となるため、指数90に当たる値を下
回ります。

2　**✗**　$\dfrac{2000年度の総数 \times 社会科学の構成比}{2000年度の総数 \times 理学の構成比}$ と $\dfrac{2015年度の総数 \times 社会科学の構成比}{2015年度の総数 \times 理学の構成比}$

の2つの比率を比べます。**大小比較をするだけなら共通する「総数」は無視で
きる**ため、単純に構成比（％）の値を比べましょう。

　すると、2000年度については$\dfrac{40.2}{3.5}$、2015年度については$\dfrac{32.6}{3.0}$となります。
分母を21にそろえると$\dfrac{241.2}{21} > \dfrac{228.2}{21}$となるため、2000年度の比率のほうが大
きい値です。

　よって、2015年度における理学の大学入学者数に対する社会科学の大学入学
者数の比率は、2000年度におけるそれを下回っています。

3 ✖ 保健の大学入学者数の増加数は、2015年度の総数×11.1％－2000年度の総数×5.3％で求めることができます。**2015年度の総数は2000年度の総数の3％増**なので、2000年度の総数×1.03×11.1％－2000年度の総数×5.3％＝2000年度の総数×（1.03×11.1％－5.3％）≒2000年度の総数×6％となります。

　農学の大学入学者数の増加数の35倍についても同様に考えると、2000年度の総数×1.03×2.8％－2000年度の総数×2.7％＝2000年度の総数×（1.03×2.8％－2.7％）≒2000年度の総数×0.18％となり、0.18×35＝6.3＞6であるため、農学の大学入学者数の増加数の35倍のほうが大きい数字です。

　よって、保健の大学入学者数の2000年度に対する2015年度の増加数は、農学の大学入学者数のそれの35倍を下回っています。

　なお、総数×構成比をそれぞれ計算して大小比較することもできます。保健の増加数は618000×11.1％－600000×5.3％＝36798[人]、農学の増加数は、618000×2.8％－600000×2.7％＝1104[人]となります。保健の増加数と、農学の増加数の35倍を比較すると、1104×35＝38640＞36798となります。

4 ⭕ 社会科学については$\dfrac{2015年度の総数×32.6％}{2000年度の総数×40.2％}×100-100$、人文科学については$\dfrac{2015年度の総数×14.1％}{2000年度の総数×16.4％}×100-100$を計算すると、それぞれ増加率の値として計算できます。**分数部分が小さいほうの減少率が大きくなります。**

　分子・分母を10倍して共通部分以外を比較すると、$\dfrac{326}{402}$は**分子が分母の0.85倍未満**、$\dfrac{141}{164}$は**分子が分母の0.85倍超**であるため、$\dfrac{326}{402}<\dfrac{141}{164}$となります。分数が小さい値である社会科学のほうが増加率が小さく、つまり減少率が大きくなります。

0.85倍未満 ⮕ $\dfrac{326}{402}$　＜　$\dfrac{141}{164}$ ⮐ 0.85倍超

（402×0.85＝341.7）　（164×0.85＝139.4）

　よって、社会科学の大学入学者数の2000年度に対する2015年度の減少率は、人文科学の大学入学者数のそれより大きいです。

5 **✕** 2000年度の社会科学の大学入学者数の0.9倍は600000×40.2%×0.9、2015年度の社会科学の大学入学者数は600000×1.03×32.6%で計算できます。<u>**共通部分を除いて**</u>40.2%×0.9と1.03×32.6%の大小比較をすればよく、2000年度の0.9倍は0.402×0.9＝0.3618、2015年度の値は1.03×0.326＝0.33578なので、2000年度の0.9倍のほうが大きい値です。

よって、2015年度の社会科学の大学入学者数は、2000年度のそれの0.9倍を下回ります。

なお、**総数×構成比**をそれぞれ計算して大小比較することもできます。2000年度の社会科学の大学入学者数は600000×40.2%＝241200[人]、その0.9倍に当たるのは241200×0.9＝217080[人]です。一方、2015年度の社会科学の大学入学者数は618000×32.6%＝201468[人]となります。

問題58

表は、ある試験の2016年度と2019年度の実施結果をA〜Eの地域別に示したものである。これから確実にいえるのはどれか。

なお、申込倍率は、申込者数が合格者数の何倍であるかを示す比率である。

国家一般職 2020

実施地域	2016年度			2019年度		
	合格者数（人）	合格者のうち女性の割合（%）	申込倍率	合格者数（人）	合格者のうち女性の割合（%）	申込倍率
A	461	37.3	4.4	473	40.0	3.5
B	709	39.6	6.0	641	40.7	5.4
C	390	40.0	4.3	486	44.9	3.2
D	534	39.1	6.2	689	43.8	4.0
E	164	42.7	6.2	200	45.5	3.8

1 2019年度の女性の合格者数は、いずれの地域も2016年度のそれと比べて増加している。

2 2019年度の申込者数は、いずれの地域も2016年度のそれと比べて減少している。

3 2019年度の申込者数で、2016年度のそれと比べた減少率が最も大きかった地域は、Dである。

4 2019年度の女性の合格者数で、2016年度のそれと比べた増加率が最も大きかった地域は、Eである。

5 2019年度の女性の申込者数が最も多かった地域は、Dである。

🐾 **解　説** ▶

[正　解] 2

1 ✖　女性の合格者数は「合格者数×合格者のうち女性の割合」を計算して得られますが、2016年度より2019年度のほうが女性の合格者数が少ない地域が1つでもあれば、この選択肢は誤りです。A、C、D、Eの4地域についてはいずれも、「合格者数」と「合格者のうち女性の割合」の両方の値が2019年度に増加しているため、女性の合格者数が増加していることが明らかです。

一方、B地域では「合格者のうち女性の割合」は微増しているものの、「合格者数」は大きく減少しているため、女性の合格者数が減少している可能性があります。

B地域の2016年度の女性の合格者数は709×39.6%≒281［人］、2019年度の女性の合格者数は641×40.7%≒261［人］となり、減少していることがわかります。

よって、2019年度の女性の合格者数は、いずれの地域も2016年度のそれと比べて増加しているとはいえません。

2 ⭕　申込者数は、「合格者数×申込倍率」を計算して得られますが、2016年度より2019年度のほうが申込者数が多い地域が1つでもあれば、この選択肢は誤りです。B地域については、「合格者数」と「申込倍率」の両方の値が減少しているので、申込者数が減少していることが明らかです。

その他の地域についても計算すると次のようになります。

	2016年度			2019年度		
	合格者数	申込倍率	申込者数	合格者数	申込倍率	申込者数
A	461	4.4	2028.4	473	3.5	1655.5
B	709	6.0	4254.0	641	5.4	3461.4
C	390	4.3	1677.0	486	3.2	1555.2
D	534	6.2	3310.8	689	4.0	2756.0
E	164	6.2	1016.8	200	3.8	760.0

第**2**編

第**2**章

さまざまな資料

よって、2019年度の申込者数は、いずれの地域も2016年度のそれと比べて減少しており、これが正解です。

3　**✗**　上から4つ目の位を四捨五入すると、D地域の減少率は$\dfrac{3310-2760}{3310}\times$
$100=\dfrac{550}{3310}\times100\fallingdotseq16.6[\%]$です。これより減少率が大きそうな地域として、E地域に着目します。E地域の減少率は$\dfrac{1020-760}{1020}\times100=\dfrac{260}{1020}\times100\fallingdotseq25.5$
[%]であり、D地域より減少率が大きいことがわかります。

$$\overbrace{550\times5=2750} \qquad \overbrace{260\times5=1300}$$

$$\text{5倍超}\left(\dfrac{550}{3310}\right. \quad < \quad \left.\dfrac{260}{1020}\right)\text{5倍未満}$$

　よって、2019年度の申込者数で、2016年度のそれと比べた減少率が最も大きかった地域は、Dではありません。

4　**✗**　前述のとおり、女性の合格者数は「**合格者数×合格者のうち女性の割合**」で得られますが、E地域について見ると、2016年度から2019年度にかけて合格者数は約22%増加しており、合格者のうち女性の割合は5%強増加しています。

```
   164                        42.7
    16.4  （10%）         ＋   2.14（5％）
    16.4  （10%）           44.84（5％増）
     1.64（1％）
＋   1.64（1％）
   200.08（22%増）
```

　それぞれの増加率がこれより大きい地域として、D地域が考えられます。2016年度から2019年度にかけてD地域の合格者数は30%弱増加しており、合格者のうち女性の割合は10%以上増加しています。

```
534
   53.4 (10%)
   53.4 (10%)
+  53.4 (10%)
  694.2 (30%増)
```
```
  39.1
+  3.91 (10%)
  43.01 (10%増)
```

　いずれの数値の増加率も大きいため、Ｅ地域よりＤ地域のほうが女性の合格者数の増加率が大きくなります。

　よって、2019年度の女性の合格者数で、2016年度のそれと比べた増加率が最も大きかった地域は、Ｅではありません。

5　✗　申込者数に対する女性の割合は不明なので、**女性の申込者数を求めることはできません**。

　よって、2019年度の女性の申込者数が最も多かった地域は不明です。

次の表から確実にいえるのはどれか。

特別区Ⅰ類 2013

医薬品等の生産金額の対前年増加率の推移

(単位 %)

区　　分	平成18年	19	20	21	22
医　薬　品	0.7	0.2	2.6	3.0	△0.6
医薬部外品	5.0	1.3	5.7	1.7	△1.6
衛 生 材 料	△8.1	△1.8	0.8	△0.6	△3.5
医 療 機 器	7.4	△0.2	0.5	△6.9	8.7

(注) △は、マイナスを示す。

1　表中の各年のうち、医療機器の生産金額が最も多いのは、平成18年である。

2　平成18年の医薬部外品の生産金額を100としたときの平成21年のそれの指数は、120を下回っている。

3　医療機器の生産金額の平成20年に対する平成22年の増加率は、医薬品の生産金額のそれより大きい。

4　平成20年において、医療機器の生産金額は、衛生材料のそれの50％を超えている。

5　平成21年の医薬品の生産金額の対前年増加数は、平成19年のそれの10倍を下回っている。

HINT 近似法

　増加率が－10％～10％の範囲内に収まっている場合、近似法を使って計算しても大きな誤差を生じません。

　この範囲を超えた増加率のときには、実際の数値とのずれが大きくなるため使わないようにしましょう。

1　✕　医療機器の生産金額の対前年増加率の値は**−10％〜10％の範囲内な****ので、近似法で計算**してみます。平成18年に対して何％増加しているかを見ていきます。

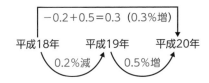

　上記のとおり、平成20年まで見たところで、平成18年の生産金額より多い年が見つかりました。

　よって、表中の各年のうち、医療機器の生産金額が最も多いのは、平成18年ではありません。

2　○　医薬部外品の生産金額の対前年増加率の値は**−10％〜10％の範囲内****なので、近似法で計算**してみます。

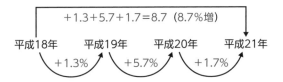

　上記のとおり、平成21年の生産金額を指数で表すと108.7です。

　よって、平成18年の医薬部外品の生産金額を100としたときの平成21年のそれの指数は、120を下回っており、これが正解です。

3 ✖ 対象の範囲の生産金額の対前年増加率の値は<u>−10%～10%の範囲内</u><u>なので、近似法で計算</u>してみます。

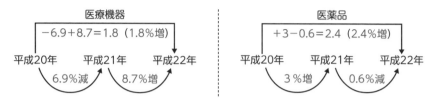

医療機器
−6.9＋8.7＝1.8（1.8%増）
平成20年　　　平成21年　　　平成22年
6.9%減　　　8.7%増

医薬品
＋3−0.6＝2.4（2.4%増）
平成20年　　　平成21年　　　平成22年
3%増　　　0.6%減

　上記のとおり、医療機器の増加率は1.8%、医薬品の増加率は2.4%なので、増加率が大きいのは医薬品です。

　よって、医療機器の生産金額の平成20年に対する平成22年の増加率は、医薬品の生産金額のそれより小さいです。

4 ✖ 平成20年の医療機器と衛生材料の生産金額は不明です。

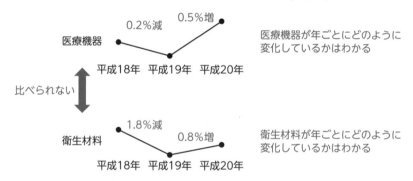

0.5%増
0.2%減
医療機器
平成18年　平成19年　平成20年
医療機器が年ごとにどのように
変化しているかはわかる

比べられない

1.8%減
0.8%増
衛生材料
平成18年　平成19年　平成20年
衛生材料が年ごとにどのように
変化しているかはわかる

　よって、平成20年において、医療機器の生産金額が衛生材料のそれの50%を超えているかどうかは不明です。

5 ✖ 医薬品の生産金額の対前年増加率はすべて<u>−10%～10%の範囲内な</u><u>ので、近似法</u>を使い、❶対前年増加率、❷平成18年の生産金額を100としたときの各年の生産金額、さらにそのときの❸増加額をまとめると次のようになります。

　近似法を用いると、❶と❸の値が等しくなります。

	平成18年	平成19年	平成20年	平成21年
❶対前年増加率	0	0.2	2.6	3.0
❷平成18年の生産金額を100としたときの生産金額	100	100.2	102.8	105.8
❸増加額		0.2		3.0

　上記のとおり、平成19年の生産金額の対前年増加数を0.2とすると、平成21年の生産金額の対前年増加数は3.0となります。

　よって、平成21年の医薬品の生産金額の対前年増加数は、平成19年のそれの10倍を上回っています。

　このように、対前年増加率を近似法で求める場合、増加率と増加量（増加額）が等しくなります。よって、実際には、平成19年の対前年増加率0.2を10倍した値である2と、平成21年の対前年増加率3.0を比較すればよいことになります。

問題60

次の図から正しくいえるのはどれか。

東京都Ⅰ類 2022

種類別4学校における卒業者数の対前年増加率の推移

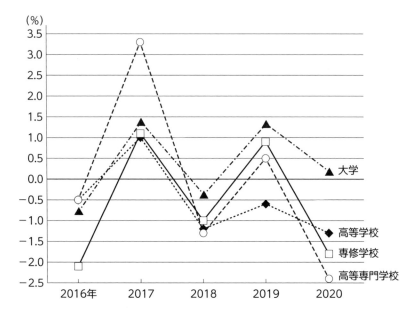

1 2015年から2020年までのうち、大学の卒業生が最も多いのは2020年であり、最も少ないのは2018年である。

2 2016年における専修学校の卒業生を100としたとき、2020年における専修学校の卒業生の指数は95を下回っている。

3 2017年と2018年についてみると、高等学校の卒業生に対する大学の卒業生の比率は、いずれの年も前年に比べて増加している。

4 2019年における卒業生を学校の種類別にみると、卒業生が2016年に比べて減少しているのは、高等学校と高等専門学校である。

5 2020年における高等専門学校の卒業生は、2017年における高等専門学校の卒業生に比べて増加している。

　対前年増加率を示すグラフですが、**増加率の値がすべて－10%～10%の範囲内なので、近似法を使った計算をしても支障ありません**。また、グラフが示す値を正確に把握することはできませんが、だいたいの値を読み取れば問題ありません。

1　✕　2015年の大学の卒業者数を基準にして増加率を近似法で求めてみます。

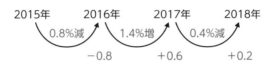

　上記のとおり、2018年まで調べたところで最も少ないのが2018年ではないことがわかるため誤りです。

2　✕　2016年の専修学校の卒業者数を100としたときの2020年における値を近似法で計算してみます。

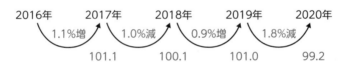

　上記のとおり、2020年の値は99.2です。

　よって、2016年における専修学校の卒業生を100としたとき、2020年における専修学校の卒業生の指数は95を上回ります。

3　○　「高等学校の卒業生に対する大学の卒業生の比率」を分数で表すと、$\dfrac{\text{大学の卒業者数}}{\text{高等学校の卒業者数}}$ となります。グラフを見ると、2017年から2018年において**「大学」のグラフは「高等学校」のグラフより上の位置にあります**。このグラフは増加率のグラフなので、このことは**分子が分母よりも大きく増加**しており、分数の値が常に増加していることを示しています。

　よって、2017年も2018年も、比率が前年に比べて増加しているといえます。

4 **✖** 高等学校と高等専門学校について、2016年における卒業生を基準にして2019年の増加率を近似法で計算してみます。

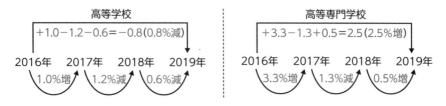

上記のとおり、高等学校については減少しているものの、高等専門学校については増加しています。

5 **✖** 2017年における高等専門学校の卒業者数を基準にして、2020年の高等専門学校の卒業者数の増加率を近似法で計算してみます。

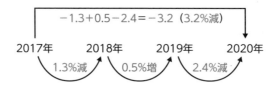

上記のとおり、2020年の増加率は−3.2％です。

よって、2020年における高等専門学校の卒業生は、2017年における高等専門学校の卒業生に比べて減少しています。

索引

著 者
夏苅 美貴子

　10年以上TAC公務員講座の講師を務め、数的処理を
を中心とした文系の学生にもわかりやすい講義で、数多
くの受験生の指導に当たっている。
　『だからカコモンで克服！ 判断推理』、『ゼロから合格
基本過去問題集 判断推理』（ともにTAC出版）を執筆。

編集協力／佐藤 保幸（TAC公務員講座）

カバーデザイン／黒瀬 章夫（ナカグログラフ）

みんなが欲しかった！ 公務員 数的推理の教科書&問題集

2024年3月25日　初　版　第1刷発行

著　　者	夏　苅　美　貴　子	
発　行　者	多　　田　　敏　　男	
発　行　所	ＴＡＣ株式会社　出版事業部	
	（TAC出版）	

〒101-8383
東京都千代田区神田三崎町3-2-18
電話　03(5276)9492(営業)
FAX　03(5276)9674
https://shuppan.tac-school.co.jp

組　　版	株式会社　明　　昌　　堂
印　　刷	株式会社　光　　　　邦
製　　本	東 京 美 術 紙 工 協 業 組 合

© Mikiko Natsukari 2024　　　Printed in Japan

ISBN 978-4-300-11087-4
N.D.C. 317

公務員講座のご案内

大卒レベルの公務員試験に強い！

2022年度 公務員試験

公務員講座生[1]
最終合格者延べ人数[2]

5,314名

※1 公務員講座生とは公務員試験対策講座において、目標年度に合格するために必要と考えられる、講義、演習、論文対策、面接対策等をパッケージ化したカリキュラムの受講生です。単科講座や公開模試のみの受講生は含まれておりません。
※2 同一の方が複数試験種に合格している場合は、それぞれの試験種に最終合格者としてカウントしています。(実合格者数は2,843名です。)
＊2023年1月31日時点で、調査にご協力いただいた方の人数です。

国家公務員(大卒程度)	計 **2,797**名
地方公務員(大卒程度)	計 **2,414**名
国立大学法人等 大卒レベル試験	61名
独立行政法人 大卒レベル試験	10名
その他公務員	32名

1位 全国の公務員試験で合格者を輩出！

詳細は公務員講座(地方上級・国家一般職)パンフレットをご覧ください。

2022年度 国家総合職試験

公務員講座生[1]

最終合格者数 217名

法律区分	**41**名	経済区分	**19**名
政治・国際区分	**76**名	教養区分[2]	**49**名
院卒/行政区分	**24**名	その他区分	**8**名

※1 公務員講座生とは公務員試験対策講座において、目標年度に合格するために必要と考えられる、講義、演習、論文対策、面接対策等をパッケージ化したカリキュラムの受講生です。単科講座や公開模試のみの受講生は含まれておりません。
※2 上記は2022年度目標の公務員講座最終合格者のほか、2023年度目標公務員講座生の最終合格者40名が含まれています。
＊ 上記は2023年1月31日時点で調査にご協力いただいた方の人数です。

2022年度 外務省専門職試験

最終合格者総数55名のうち
54名がWセミナー講座生[1]です。

合格者占有率[2] **98.2%**

外交官を目指すなら、実績のWセミナー

※1 Wセミナー講座生とは、公務員試験対策講座において、目標年度に合格するために必要と考えられる、講義、演習、論文対策、面接対策等をパッケージ化したカリキュラムの受講生です。各種オプション講座や公開模試など、単科講座のみの受講生は含まれておりません。また、Wセミナー講座生はそのボリュームから他校の講座生と掛け持ちすることは困難です。
※2 合格者占有率は「Wセミナー講座生(※1)最終合格者数」を、「外務省専門職採用試験の最終合格者総数」で除して算出しています。また、算出した数字の小数点第二位以下を四捨五入して表記しています。
＊ 上記は2022年10月10日時点で調査にご協力いただいた方の人数です。

WセミナーはTACのブランドです

資格の学校 TAC

合格できる3つの理由

1 必要な対策が全てそろう! ALL IN ONEコース

TACでは、択一対策・論文対策・面接対策など、公務員試験に必要な対策が全て含まれているオールインワンコース(=本科生)を提供しています。地方上級・国家一般職／国家総合職／外務専門職／警察官・消防官／技術職／心理職・福祉職など、試験別に専用コースを設けていますので、受験先に合わせた最適な学習が可能です。

● カリキュラム例:地方上級・国家一般職 総合本科生

オリエンテーション					
重要科目を講義と演習でマスター **基本講義／基本演習** 憲法 民法 行政法 ミクロ経済学 マクロ経済学 財政学 政治学 数的処理 文章理解	重要論点・テーマを学び学習効率をアップ **傾向分析講義** 自然科学 人文科学 社会科学	範囲が広い科目をポイントを絞って解説 **一般知識講義／一般知識演習** 自然科学(数学 物理 化学 生物 地学) 人文科学(世界史 日本史 地理 思想 文化史) 社会科学(政治社会 法律 経済)	必要な科目だけを選択学習 **選択講義** 労働法 行政学 刑法 経営学 国際関係 社会学 社会政策 志望先に合わせてレベルUP **発展講義** 法律科目 経済科目 政治科目 数的処理	講義と添削で論述試験の実力を養成 **専門記述対策** 法律系 政治系 経済系 **論文対策** 講義 演習 本科生特典 添削は何度もOK!	
	弱点を把握しステップアップ **総合演習** 数的処理 法律 経済 **教養実力確認テスト** 教養実力確認テスト	重要トピックスを一気にインプット **時事対策** 経済史・経済事情 社会事情 国際事情 本試験の最新情報等を提供 **試験対策ゼミ** 試験対策ゼミ	直前期の総仕上げ **公開模試** 本科生特典 受験無料	面接の基本を講義で習得 **面接試験対策** 講義編 面接対策講義 官庁訪問対策講義 ●面接復元シート自由閲覧	本番さながらの面接指導 **面接試験対策** 実践編 模擬面接 ●面接カード添削 模擬集団面接 模擬集団討論 本科生特典 模擬面接は繰り返しOK!

※上記は2024年合格目標コースの内容です。カリキュラム内容は変更となる場合がございます。

2 環境に合わせて選べる! 多彩な学習メディア

通学メディア

教室+Web講座
教室・ビデオブース・Webで講義が受けられる

ビデオブース+Web講座
TAC校舎のビデオブースとWeb講義で自分のスケジュールで学習

通信メディア

Web通信講座
外出先で、さらにWebで。自由に講義が受けられる!

フォロー制度も充実!
受験生の毎日の学習をしっかりサポートします。

● 欠席・復習用フォロー
クラス振替出席フォロー
クラス重複出席フォロー

● 質問・相談フォロー
担任講師制度・質問コーナー
添削指導・合格者座談会

● 最新の情報提供
面接復元シート自由閲覧
官公庁・自治体業務説明会 など

※上記は2024年合格目標コースの一例です。年度やコースにより変更となる場合がございます。

3 頼れる人がそばにいる! 担任講師制度

TACでは教室講座開講校舎と通信生専任の「担任講師制度」を設けています。最新情報の提供や学習に関する的確なアドバイスを通じて、受験生一人ひとりを合格までアシストします。

● 担任カウンセリング
学習スケジュールのチェックや苦手科目の克服方法、進路相談、併願先など、何でもご相談ください。担任講師が親身になってお答えします。
オンラインでも実施!

● ホームルーム(HR)
時期に応じた学習の進め方などについての「無料講義」を定期的に実施します。
Webホームルーム(HR)標準装備!

パンフレットのご請求は

TAC カスタマーセンター **0120-509-117** ゴウカク イイナ

受付時間
平 日 9:30～19:00
土曜・日曜・祝日 9:30～18:00

※受付時間は、変更させていただく場合がございます。詳細は、TACホームページにてご確認いただきますようお願い上げます。

TACホームページ **https://www.tac-school.co.jp/**

TAC出版 書籍のご案内

TAC出版では、資格の学校TAC各講座の定評ある執筆陣による資格試験の参考書をはじめ、
資格取得者の開業法や仕事術、実務書、ビジネス書、一般書などを発行しています！

TAC出版の書籍

*一部書籍は、早稲田経営出版のブランドにて刊行しております。

資格・検定試験の受験対策書籍

- ❂日商簿記検定
- ❂建設業経理士
- ❂全経簿記上級
- ❂税理士
- ❂公認会計士
- ❂社会保険労務士
- ❂中小企業診断士
- ❂証券アナリスト

- ❂ファイナンシャルプランナー(FP)
- ❂証券外務員
- ❂貸金業務取扱主任者
- ❂不動産鑑定士
- ❂宅地建物取引士
- ❂賃貸不動産経営管理士
- ❂マンション管理士
- ❂管理業務主任者

- ❂司法書士
- ❂行政書士
- ❂司法試験
- ❂弁理士
- ❂公務員試験(大卒程度・高卒者)
- ❂情報処理試験
- ❂介護福祉士
- ❂ケアマネジャー
- ❂電験三種　ほか

実務書・ビジネス書

- ❂会計実務、税法、税務、経理
- ❂総務、労務、人事
- ❂ビジネススキル、マナー、就職、自己啓発
- ❂資格取得者の開業法、仕事術、営業術

一般書・エンタメ書

- ❂ファッション
- ❂エッセイ、レシピ
- ❂スポーツ
- ❂旅行ガイド (おとな旅プレミアム/旅コン)

書籍のご購入は

1 全国の書店、大学生協、ネット書店で

2 TAC各校の書籍コーナーで

資格の学校TACの校舎は全国に展開！
校舎のご確認はホームページにて

資格の学校TAC ホームページ
https://www.tac-school.co.jp

3 TAC出版書籍販売サイトで

CYBER TAC出版書籍販売サイト
BOOK STORE

`TAC 出版` で `検索`

24時間
ご注文
受付中

https://bookstore.tac-school.co.jp/

- 新刊情報をいち早くチェック！
- たっぷり読める立ち読み機能
- 学習お役立ちの特設ページも充実！

TAC出版書籍販売サイト「サイバーブックストア」では、TAC出版および早稲田経営出版から刊行されている、すべての最新書籍をお取り扱いしています。
また、会員登録（無料）をしていただくことで、会員様限定キャンペーンのほか、送料無料サービス、メールマガジン配信サービス、マイページのご利用など、うれしい特典がたくさん受けられます。

サイバーブックストア会員は、特典がいっぱい！(一部抜粋)

 通常、1万円（税込）未満のご注文につきましては、送料・手数料として500円（全国一律・税込）頂戴しておりますが、1冊から無料となります。

 専用の「マイページ」は、「購入履歴・配送状況の確認」のほか、「ほしいものリスト」や「マイフォルダ」など、便利な機能が満載です。

 メールマガジンでは、キャンペーンやおすすめ書籍、新刊情報のほか、「電子ブック版 TACNEWS（ダイジェスト版）」をお届けします。

 書籍の発売を、販売開始当日にメールにてお知らせします。これなら買い忘れの心配もありません。

公務員試験対策書籍のご案内

TAC出版の公務員試験対策書籍は、独学用、およびスクール学習の副教材として、各商品を取り揃えています。学習の各段階に対応していますので、あなたのステップに応じて、合格に向けてご活用ください!

INPUT

**『みんなが欲しかった!
公務員
合格へのはじめの一歩』**

A5判フルカラー

● 本気でやさしい入門書
● 公務員の"実際"をわかりやすく
紹介したオリエンテーション
● 学習内容がざっくりわかる入門講義

・数的処理(数的推理・判断推理・
空間把握・資料解釈)
・法律科目(憲法・民法・行政法)
・経済科目(ミクロ経済学・マクロ経済学)

**『みんなが欲しかった!
公務員 教科書&問題集』**

A5判

● 教科書と問題集が合体!
でもセパレートできて学習に便利!
●「教科書」部分はフルカラー!
見やすく、わかりやすく、楽しく学習!

・憲法
・【刊行予定】民法、行政法

『新・まるごと講義生中継』

A5判
TAC公務員講座講師
郷原 豊茂 ほか

● TACのわかりやすい生講義を誌上で!
● 初学者の科目導入に最適!
● 豊富な図表で、理解度アップ!

・郷原豊茂の憲法
・郷原豊茂の民法Ⅰ
・郷原豊茂の民法Ⅱ
・新谷一郎の行政法

『まるごと講義生中継』

A5判
TAC公務員講座講師
渕元 哲 ほか

● TACのわかりやすい生講義を誌上で!
● 初学者の科目導入に最適!

・郷原豊茂の刑法
・渕元哲の政治学
・渕元哲の行政学
・ミクロ経済学
・マクロ経済学
・関野喬のパターンでわかる数的推理
・関野喬のパターンでわかる判断整理
・関野喬のパターンでわかる
空間把握・資料解釈

要点まとめ

**『一般知識
出るとこチェック』**

四六判

● 知識のチェックや直前期の暗記に
最適!
● 豊富な図表とチェックテストで
スピード学習!

・政治・経済
・思想・文学・芸術
・日本史・世界史
・地理
・数学・物理・化学
・生物・地学

記述式対策

**『公務員試験論文答案集
専門記述』**

A5判
公務員試験研究会

● 公務員試験(地方上級ほか)の
専門記述を攻略するための問
題集!
● 過去問と新作問題で出題が予
想されるテーマを完全網羅!

・憲法〈第2版〉
・行政法

書籍の正誤に関するご確認とお問合せについて

書籍の記載内容に誤りではないかと思われる箇所がございましたら、以下の手順にてご確認とお問合せをしてくださいますよう、お願い申し上げます。

なお、正誤のお問合せ以外の書籍内容に関する解説および受験指導などは、一切行っておりません。

そのようなお問合せにつきましては、お答えいたしかねますので、あらかじめご了承ください。

1 「Cyber Book Store」にて正誤表を確認する

TAC出版書籍販売サイト「Cyber Book Store」の
トップページ内「正誤表」コーナーにて、正誤表をご確認ください。

CYBER TAC出版書籍販売サイト
BOOK STORE

URL:https://bookstore.tac-school.co.jp/

2 1の正誤表がない、あるいは正誤表に該当箇所の記載がない
⇒ 下記①、②のどちらかの方法で文書にて問合せをする

★ご注意ください★

お電話でのお問合せは、お受けいたしません。

①、②のどちらの方法でも、お問合せの際には、「お名前」とともに、

「対象の書籍名(○級・第○回対策も含む)およびその版数(第○版・○○年度版など)」

「お問合せ該当箇所の頁数と行数」

「誤りと思われる記載」

「正しいとお考えになる記載とその根拠」

を明記してください。

なお、回答までに1週間前後を要する場合もございます。あらかじめご了承ください。

① ウェブページ「Cyber Book Store」内の「お問合せフォーム」より問合せをする

【お問合せフォームアドレス】

https://bookstore.tac-school.co.jp/inquiry/

② メールにより問合せをする

【メール宛先　TAC出版】

syuppan-h@tac-school.co.jp

※土日祝日はお問合せ対応をおこなっておりません。

※正誤のお問合せ対応は、該当書籍の改訂版刊行月末日までといたします。

乱丁・落丁による交換は、該当書籍の改訂版刊行月末日までといたします。なお、書籍の在庫状況等により、お受けできない場合もございます。

また、各種本試験の実施の延期、中止を理由とした本書の返品はお受けいたしません。返金もいたしかねますので、あらかじめご了承くださいますようお願い申し上げます。